人生一回限りだからやりたいことは全部やる！

積極一貫の摂理

REIWAグループ代表
上野 玄津
Ueno Genshin

平成出版

まえがき

実業界と宗教界の二足のわらじを履《は》く「二刀流」の男、それが私です。人生一回限りだから、「やりたいことは全部やる」と、63歳まで『積極一貫』で生きてきました。

やりたいことを思うがままに、しかも徹底的にやれば、果たしてどうなるでしょうか？　痛い目にも合うし、大成功もするし、運不運にも見舞われます。私はそのすべてを体験しました。それを包み隠さず書き記したのが本書です。

私は、会社を立ち上げた24歳の頃から、体験したこと、考えたこと、世の中に提案したいことを書き留めており、次々に本を出版してきました。本書は23冊目です。本の題名を見るだけで、私のすべてがお分かりいただけると思い、これまで出版した本を羅列してみます。

【著書一覧】

①１９９０年4月10日刊

『ボクはやんちゃな「成り上がり」』４年で１００億企業をつくった28歳社長のやり方（こう書房）

②１９９０年11月10日刊

『驚異の健康住宅ログハウス』体・心・環境を育む理想の「住い」創り（イースト・プレス）

③１９９１年12月10日刊
『ボクはやんちゃな「成り上がり」Ⅱ』好きなことをやりながら夢を実現させる法（こう書房）
④１９９３年１月10日刊
『ボクはやんちゃな「成り上がり」Ⅲ』スッキリしない毎日をすごしているあなたに（こう書房）
⑤１９９３年12月20日刊
『ボクはやんちゃな「成り上がり」Ⅳ』「石っころ成り上がり学」で人生を変える（こう書房）
⑥１９９４年11月17日刊
『覇道』はどう　獅子の如く（上野再生実践総合研究所）
⑦２００１年12月20日刊
『「理想都」を創るCCZプロジェクト』この画期的新システムで土地が復活する!!（こう書房）
⑧２００２年３月10日刊
『勝つための非常識のすすめ』あなたの人生と事業を成功に導く密教法則（こう書房）
⑨２００２年３月21日刊
『沖縄独立宣言』日本連邦・琉球王国の王様になる？（心泉社）
⑩２００３年１月31日刊
『老後はこんな家で暮らしたい』夫婦で思いっきり人生を楽しむために!!（こう書房）

⑪　２００３年12月10日　刊
『積極一貫』　人生一回限りだから、やりたいことは全部やる！（こう書房）

⑫　２００５年12月２日　刊
『これからの老後はおもしろい』　新・田舎暮らしのすすめ（こう書房）

⑬　２００６年１月17日　刊
『新日本のカジノ産業』　超高齢化社会だからこそ期待される！（しののめ出版）

⑭　２００７年11月15日　刊
『あなたの「がん」対策マニュアル』　がんにならない。がんになっても勝てる本（イースト・プレス）

⑮　２００８年８月27日　刊
『「百歳長寿」の健康ガイド』　ハッピーリタイアメントを応援します！（全管連出版）

⑯　２００９年１月15日　刊
『団塊の老後』　日本型シニアタウンを創造する企業集団（イースト・プレス）

⑰　２０１０年９月28日　刊
『私の夢の履歴書』　みんなで見る夢は実現する!!（上野再生実践総合研究所）

⑱　２０１２年２月21日　刊
『人生を楽しく暮らす提案』　ハッピーリタイアメントを実現する条件は３つある（全管連出版）

⑲２０１８年8月21日刊
『写真集 KUKAI 空海』南紀白浜温泉の水晶山に千光寺別院建立記念（ファースト企画）
⑳２０１９年6月23日刊
『令和しあわせの会』日本を「カエル」市民運動の過去・現在・未来（ナチュール出版）
㉑２０１９年11月21日刊
『SUPER★Star 空海の大日力』令和を「しあわせ」の時代に（さんが出版）
㉒２０２０年10月21日刊
『空海の大予言』あなたの未来も予測できる宿曜占星術（平成出版）

題名だけ読むと、いったい何をやってきたのかと首を傾げるかも知れません。この39年間、私は一貫して「まちづくり事業」をやってきました。そして、現在は琵琶湖畔の大型分譲地にて、地域貢献に役立つまちづくりを推進しています。

同時並行で、もう一人の私は、僧侶として「空海」の教えを世の中に広める活動を行っています。また、空海の教えにたどり着く『中村天風《てんぷう》先生（哲学者・事業家）』の「心と身体を積極化せよ。そして人間が本来持っている潜在能力を引き出せ」という言葉に感銘し、積極一貫に生きています。

本書の題名には、『摂理』という、あまり聞き慣れない言葉をあえて使いました。『摂理』とは、自然界を支配している法則という意味です。私たち人間は、大宇宙を司る偉大なパワーによって生きており、生かされています。だから、「そのパワーを得て、思う存分に生きよう」という意味が込められています。

毎日がスッキリしない、能力はあってもチャンスがないと感じている人、独立・起業を目指している人、人生の先行きに悩んでいる人など、様々な悩みを抱えている人に向けて、この本は書かれています。たくさんの成功と大失敗をしながらも、『積極一貫』で成り上がってきた私の経験と学び得た何かが、皆様のご参考になれば幸いに存じます。

２０２４年（令和６年）８月20日　大安吉日

琵琶湖（滋賀県高島市）外ヶ浜にて

上野　玄津　拝

目次

まえがき ……… 2

第1章 超人気テレビ番組「マネーの虎」の元祖・私（上野）が金儲けの「CCZプロジェクト」を発明して24歳で起業し2660億円を売り上げました。しかし…

私の履歴書 ……… 14
出会いに不思議な出会いなし ……… 17
まちづくりにゴールはない ……… 27
「成功する」「幸福になる」ために欠かせないこと ……… 30
失敗すれば失望する？ ……… 36
人生楽しまないと意味がない ……… 40

第2章
敗戦によりアメリカの統治下時代の沖縄で生まれた私の原点
私のルーツは「沖縄」にある……48
沖縄に対する格別な想い……54
やんちゃな成り上がりの青春時代……60
やんちゃ過ぎて高校退学が人生の転機……68
欠けていたセールスの本質……79
21歳で、毎月数百万円を稼ぐ!……83
私の経営者人生の始まり……88
第3章
土地活用の魅力に取り憑《つ》かれてまったく「新しい事業」を発明した大型分譲地の再開発手法「CCZプロジェクト」

荒れ果てた「休眠分譲地」はなぜ生まれたか？ ……… 98
これこそ、私がやるべき仕事ではないか！ ……… 101
プロ集団と住民の力で取り組む ……… 107
土地所有者を一人一人訪ね歩いて ……… 109
地権者の心が一つになった ……… 111
こうして「まちづくり再生事業」は始まった ……… 114
琵琶湖畔でのまちづくり ……… 122

第4章

令和版CCZプロジェクトが始動
高島市・琵琶湖畔のまちづくり
新しい財テクは、貸別荘（民泊）です

進化を続ける令和版CCZプロジェクト ……… 132
「貸別荘」にはたくさんのメリットがある ……… 134
宿泊施設の多様化を目指して ……… 139
貸別荘ブームに追い風が吹いている ……… 143
まちづくりの良きパートナーを募集しています ……… 145

「引き寄せの法則」で国際的な縁が生まれる ……… 149
訪日客を高島市に呼ぶためには ……… 156
高島市の魅力にはまった外国人 ……… 158
五感で味わう高島市の魅力 ……… 163

第5章

私たちのDNAはどこから来て、どこへ向かうのか
琵琶湖畔のまち高島で、すべてが解き明かされる

伝説の書「ホツマツタヱ」に引き寄せらて ……… 172
宇宙へ共鳴する「あわのうた」 ……… 180
実は漢字や稲作文化は「逆輸入」だった？ ……… 185
日本の国が生まれた近江国・高島伝説 ……… 188
近江《おうみ》聖人《せいじん》「中江《なかえ》藤樹《とうじゅ》」に心を惹かれて ……… 192
空海も「ホツマツタヱ」を知っていた？ ……… 196
高島ですべては繋がった ……… 205

第6章

私の不思議な「力」を探しながら不動明王との運命的な出会いにより「空海」に導かれ千光寺の管長へ

私が僧侶の道へと進んだ理由 ……… 210
宗教法人千光寺の管長として ……… 222
密教を学び「運命」を拓く ……… 232
私がツルツル坊主頭をやめた理由 ……… 236
令和をしあわせの時代にしたい ……… 239
世界人類の平和を願って ……… 246
仏教が脈々と息づくアジアの国々への旅 ……… 250

最終章

私の人生最大の反省、そして七転び八起き
私は、「積極一貫」命ある限り現役
私の一回限りの人生「やりたいことは全部やる！」

私の人生設計を狂わせた大震災 ……… 258
不動産事業での反省と再起 ……… 269
意外だった裁判所での出来事 ……… 274
そして、再び私のもとに帰ってきた ……… 277
過去を振り返ると気づくことがある ……… 282
私には夢がある！ ……… 285
沖縄に対する私の夢 ……… 287
自分らしく生きる ……… 293
幸せになる階段の昇り方 ……… 295
「積極一貫」やりたいことは全部やる！ ……… 297

（巻末資料）
1986年（昭和61年）～1995年（平成7年）1月17日の「阪神・淡路大震災」までにオープンした外食店舗一覧 ……… 301

第1章

超人気テレビ番組「マネーの虎」の元祖・私（上野）が
金儲けの「ＣＣＺプロジェクト」を発明して24歳で起業し
２６６０億円を売り上げました。しかし…

私の履歴書

沖縄本島の浦添市で生まれ、常に「毎日を楽しく」を目指し、自由奔放にアホでやんちゃに育った青春時代。21歳の時に、もっと稼ぎたいと個人事業主として独立。1982年（昭和57年）のことです。それから3年後の1985年（昭和60年）、私は24歳で「まちづくり事業」に挑戦するため会社を設立し、僅か4年で100億円企業を駆け足で築き上げました。

ひたむきに人の2倍働き、5倍の収入を追い求めた結果、1990年（平成2年）私が29歳の時には、海に面したマリーナ付き&プール付きのログハウス別荘、ダイヤだらけの時計、すべてのブランド品に貴金属、ヘリコプターにクルーザー、ベンツを乗り回し、とにかくオシャレであるために欲しいものはすべて手に入れた若気の極みで懐かしい想い出です。

時には破天荒な行動で周囲を驚かせ、織田信長のように天下統一を目指し突き進みました。圧倒的なスピードと失敗を恐れず挑戦し続けるその生き方から、誰がいつから呼び始めたのか、まさに『やんちゃな成り上がり』にピッタリの半生でした（著書『ぼくはやんちゃな成り上がり』1990年〈平成2年〉、こう書房）。

しかし、私の行動力は大胆で野生的であると同時に、緻密な計算に基づいているはずでした。事業を事業を成功に導くためには、この「大胆」かつ「沈着冷静」という2つの要素が不可欠でした。言い換えれば、アホで明るく人懐っこく、「積極一貫」で豪快、チャレンジ精神旺盛なA型気質が同居した人間なんだなと我ながら思います。

世界の7つの大海原を力強く泳ぎ続けるマグロのように、生まれたその日から活動が止まれば死ぬと考えていました。一度も止まることなく、いつも積極的に目標に向かって半世紀。そして毎日毎日を楽しく過ごしながら歳を重ねてきました。時に荒波に翻弄され、何度も失敗し、時に穏やかな凪《なぎ》に漂いながらも、自分の可能性を信じて前を向いてきた半生です。

ドラマチックな波乱の人生を歩み、1961年（昭和36年）2月21日生まれで現在63歳となった現在地までを自分史として辿《たど》り、私が世の中で学んだことを本にまとめてみようと思ったのです。そして、本書の内容の何かに響き共鳴し、未来へ繋いで行ってくれる人が現れてくれたのならという願いを込めて書き始めました。

私の体験談を聞いた人は、「小説よりも楽しく面白い」と、よく言います。そして、「真実と経験に裏打ちされた者だけが言えることですね」と、驚きながらも感心してくれます。

最初から自慢話ばかりと思われるかも知れませんが、事実は事実として書いていきます。

決して自慢話をするつもりは一切ありません。

ネット界隈で「令和の虎」が話題ですが、実は、その元祖となる日本テレビ系の超人気番組「あの『マネーの虎（2001年〜2002年に放映）』のいつも中央に座っていた上野さんは、今現在どうしているのか?」とSNSの投稿があったり、これまで多くの「問い合わせ」を頂戴していることは存じていました。

しかし、私はその後僧侶となり、36歳の1997年（平成9年）には高野山真言宗千光寺派の空海ゆかりの宗教法人千光寺の代表役員に就任していました。僧名が「玄津」だったので、戸籍上も「上野玄津」と改名し、ヘッポコ和尚として本格的に活動していた時期でした。

その間、ユーチューブ（【玄津の空海塾】https://www.youtube.com/c/kukaigenshin）やインスタグラム（【空海玄津】https://www.instagram.com/kukaigenshin）を2018年（平成30年）2月23日からスタートして2000回の投稿修行を通じて、あるいは著書『空海の大日力』（2019年〈令和元年〉11月、さんが出版）、『空海の大予言』（2020年〈令和2年〉10月、平成出版）等の出版活動によって、一人の宗教人としての教えを若い人たちに向けて発信してきました。

これらの活動では実業家としての顔は一切出さずに、プライベートな情報も明かさないようにしていたわけです。もっと極端に言えば、その日摂った食事のことなども一言も触れない、書かなかった。あくまで私は空海の一番出来の悪い弟子として、一宗教人として僧侶に徹して布教活動をしていたのです。

しかし、ふと考えると、それではいけないのではないかと思うようになりました。空海の弟子として、空海ゆかりの千光寺のヘッポコ和尚（管長）として頑張るだけで良いのか。それは違うのでは？と自問自答したのです。

出会いに不思議な出会いなし

なぜ違うと感じたかというと、ある高僧からの教えを思い出したからです。私は、若い頃に「不動明王」の不思議なパワーを感じ、密教の修行に入ってから「護摩焚《ごまた》き」による不思議な大日力に引き寄せられました。1994年（平成6年）私が32歳の時です。経営者としての仕事の合間を作って、高野山真言宗全国約3600寺の信徒1000万人の総本山である「金剛峯寺《こんごうぶじ》」において、金剛峯寺総本山座主《ざす》の空海から408代目となる竹内崇峰《しゅうほう》大僧正管長猊下《げいか》に拝謁《はいえつ》させていただきました。その時に竹内大僧正より、光栄なことに「玄津《げんしん》」という僧名を授かります。そして「若い人に『空海』とあなたの考え方を現代風に伝えなさい」というお言葉をいただいたことがあります。そのことを思い出して、実業家として、たくさんの失敗の経験を活かしながら、私なりに空海の教えを広めるべきだと悟ったのです（詳しくは、第６章に述べておりますのでご覧ください）。

この時があったから、私の中のビジネス人としての自己と、宗教人としての自己とが必然的に、そして運命的に邂逅《かいこう》したのです。

今から思えば、たくさんの成功や失敗をしてきたけれども、不思議な出会いをさせていただいた空海から４０８代目となる竹内大僧正は、私が何度も大失敗をすることを、すでに約30年前にすべて予言されておられた、空海と同じホンモノの超能力者だったのだと思うと驚きを隠せません。

この出会いは、私の人生にとって決定的なターニングポイントとなりました。

著者24歳（1985年）姫路成田山で護摩焚きの修行を始める

人生というのは、出会うべくして出会ったとでしか言い表せない、不思議な出来事ってあるものなんです。

こうして63歳となった現在、空海の一番出来の悪い後継者として、そして空海ゆかりの千光寺の「ヘッポコ和尚（管長）」として、一旦は52歳で引退をしていた企業経営者との二足のわらじを履いています。事業家としては、衰退した大型分譲地の土地を復活させて、まちづくりを行う事業に日々渾身《こんしん》の力を注いでいる真っ最中です。

実業家としての私は、40年前（１９８４年・昭和59年）に、画期的なまちづくりシステム「ＣＣＺプロジェクト」を考案し、現在全国53ヵ所の大型分譲地において、ＣＣＺプロジェクトによる「まちづくり」を展開しています。

ＣＣＺとは、「クリエイティブ（Ｃｒｅａｔｉｖｅ）」「キャピタル（Ｃａｐｉｔａｌ）」「ゾーン（Ｚｏｎｅ）」の頭文字であり、自分たちの土地を、自分たちで再生し、自分たちが住む画期的なまちを創造するという意味が込められています。

なぜこのようなことを考え、分譲地を対象とした「まちづくり」に取り組むようになったのか。

それは、「小野平分譲地」に出会った時から始まります。６２１区画の大型分譲地なのに家がわずか４軒しか建っていない。草が生い茂り、野原のような状態で見捨てられていた分譲地です。

私は、唖然《あぜん》としました。そして、この分譲地を何とかしたいという使命感のような気持ちが沸き上がり、周囲の反対を押し切って挑戦したのです。

詳しくは第3章で述べますが、想像以上に困難を極めました。次から次へ難題が襲いかかってくるのです。それを乗り越えるため、私は知恵を絞り出しました。その知恵をシステム化したのがCCZプロジェクトです。

この成功で私は誰も真似できないビジネスモデルを創り上げました。そして、「まちづくり」という、私が進むべき事業の道が定められたのです。

私が40歳になった時、このまちづくりシステムを多くの方々に知っていただくために本を書きました。そして、『理想都《リゾート》』を創るCCZプロジェクト』（2001年〈平成13年〉、こう書房）を出版しました。

この本が予想以上に大ヒットしたお陰もあり、大型分譲地の「まちづくり」手法が不動産業界で話題となり、お陰で実業家としても数々の貴重な出会いと経験を得て、経営者としての私、そして会社はしっかりとした基盤をつくり成長していきました。

休眠分譲地にはインフラ整備が必要

私がまだまだ新米経営者だった若い頃から、ミサワホーム創業者である三澤千代治社長には大変可愛がっていただき、ひと月に2回は東京の銀行会館の会員制レストランで食事をご馳走していただいておりました。著書の「理想都（リゾート）」も三澤社長からの命名です。

当時、ミサワホームが熱海に所有する断崖絶壁の土地の有効活用について悩んでおられ、「君のアイデアを聞きたい」と、私に白羽の矢が立ったことがあります。そこで三澤社長と一緒に二人で電車に乗って熱海を訪れ、現地の土地を視察し、有効活用プランを提案させてい

ミサワホーム創業者の三澤千代治社長と

「理想都」を創るCCZプロジェクト
(2001年刊・こう書房)

著者が設計した販売事務所や看板

ただきました。

また、ミサワホームは軽井沢で約３００区画の分譲地販売にも苦戦していて、販売コンサルティングを依頼され、私が35歳となる１９９６年８月５日に協定書を締結しました。私は販売戦略を策定し、平成８年８月８日に軽井沢プリンスホテルで記念レセプションを開催しました。その結果、私が命名した「軽井沢ホープヒルズ」は順調に推移し、当時話題となった定期借地権付き分譲も取り入れ新しいビジネスモデルが構築できたのです。

三澤千代治氏との出会いは、私の人生を大きく変えてくれました。そして、分譲地の再開発や販売は、地域社会に貢献できる素晴らしい仕事だとの思いを再認識したのです。

この当時の不動産開発業界では、販売に苦戦している大型分譲地は上野へ相談するという流れができておりました。そのため、いろんな相談事が舞い込んできます。例えば、天下のトヨタ自動車が所有する、和歌山県「ニュータウン勝浦」の全区画温泉付き分譲地の販売に苦戦していた

天然温泉付「ニュータウン勝浦（782区画）」（和歌山県那智勝浦町）

トヨタホーム近畿から、販売コンサルティングを依頼されました。私は定期借地権付き建売住宅を結果的には提案し、トヨタ自動車代表取締役の清水哲夫社長（当時）と業務提携に関する協定書を私が38歳となる１９９９年（平成11年）１月７日に締結しました、その後、建売住宅としての販売には時間がかかってしまうため、私が39歳の時に発想を転換して、２０００年（平成12年）９月20日に約２００区画をトヨタ自動車より購入して「温泉付宅地」として完売しました。このプロジェクトは、不動産業界や建築業界でも大きな話題となりました。

さらに、大末建設が１９７４年（昭和49年）に開発した白浜アドベンチャーワールド前の約13万坪の土地のCCZプロジェクトにも着手しました。この土地は、伊藤忠商事が買収し、私も親しくさせていただいた朝日住建の松本会長が買収したものの開発を断念し、ミサワホームも開発を検討するも不可能との結論が出た曰《いわ》く因縁の大型分譲地で、その後40年間も放置されていました。

そこで47歳となっていた私は、当時の所有者である富士住建より２００８年（平成20年）９月30日に銀行の借

パンダが人気の白浜アドベンチャーワールド前の「白浜ホープヒルズ」
再開発工事中

入金なしのキャッシュで分割買収し、販売価格にして２００億円相当の物件を確保することに成功しました。そして、僅か2年で天然温泉付の分譲地「白浜ホープヒルズ」（約１６６６区画）として甦らせました。1軒の家屋も建築されていない原野（ジャングル状態の休眠地）に、今では３３５軒の家々が建ち並んでいます。そして現在、その内の１６０戸が貸別荘・民泊として運営されています。私の次男の上野真虎が「まん泊リゾート」として約１００棟の貸別荘を運営しており、私の友人のエクソンの中島社長やホテル「クリスタルビラ」が宿泊施設（民泊）として、事業を進めているのです。

今後、国内外の旅行客が必ず増えてくる。そうなると、宿泊施設が足りなくなるに違いない。また、ホテルや旅館と違って自由に多目的に利用できる「貸別荘」が注目されるに違いない。そう考えた私は、まちづくりを進めると同時に、２０１５年（平成27年）10月より貸別荘事業を展開することに力を注ぐことになります。

政府が「民泊新法」（住宅宿泊事業法）を施行した２０１８年（平成30年）6月より前、世界的な民泊サイト「Ａｉｒｂｎｂ」が話題になり始めた頃より前のことでした。時代を先取りできたことで、白浜アドベンチャーワールド前の全区画天然温泉付の「白浜ホープヒルズ（１６６６区画）」は、大型分譲地として新たな発展の道を発見したのです。

「分譲地に家を建てて、別荘として利用しながら貸別荘で収入を得よう！」という私の提案は、多くの人々の共感を得て、白浜のまちづくりは一気に進みました。そのため、私は、白浜アドベンチャーワールド前という好立地の丘の上にある分譲地に加えて、新たに海に面する天然温泉付「白浜ホープヒルズ・シーサイドエリア」（１２９区画）を、学校卒業アルバム等の大手ダイコロより買収（２００５年〈平成17年〉９月29日）することにしました。こうして、南紀白浜温泉エリアでは最大規模の合計約１７９５区画の再開発が始まり、次々に新築家屋が建ち並んでいくようになったのです。

このような経緯の中で、私は一般的にはなかなか出会えない大企業や有能な社長と知り合い、親交を深めることができました。そして、上場企業とも互角に不動産取引や販売協力を進めることが可能となったのです。

その最も顕著な事例が、熱海にある大和銀行系列の不動産会社が開発した大型分譲地「あじろ南熱海ケ丘」（約６５０区画）の再生プロジェクトです。

開発工事が完了した１９７１年（昭和46年）当時から販売は不調続きで、１９９１年（平成３年）に三愛不動産が分譲を引き継ぐも失敗。１９９６年（平成８年）に

「あじろ南熱海ヶ丘」プール付きの建売住宅

三愛不動産を吸収合併後に販売活動を引き継いだリコー三愛は、日本のビバリーヒルズをつくると力を注ぎ、1棟1億5000万円~3億7000万円という高額での建売住宅の販売を開始しました。しかし、販売はわずか17棟にとどまり、その後20年間放置され、リコー三愛グループの管理会社はインフラ維持管理に関する費用の莫大な赤字が累積していました。この問題解決のため、私に「南熱海」の分譲地買収の打診が届きます。しかし、すでにリコー三愛から購入している17棟の所有者は、全国ホテルチェーン「大江戸温泉物語」創業者の橋本会長など超大物経営者ばかりです。リコー三愛としては、17名全員から私への売却の同意を得なければ売買できない状況でした。

そこで私は、「あじろ南熱海ケ丘」CCZプロジェクトを立ち上げ、熱海市ひいては分譲地の発展に貢献するビジョンを関係者に提示しました。私は、17名の方々を集めて、持ち前の明るい話し方に熱意を込めてプレゼンテーションを行いました。すると拍手喝采が起きて、17名全員の同意を得ることができました。そして、2007年（平成19年）9月20日に、当時46歳だった私

全区画天然温泉付「あじろ南熱海ヶ丘（670区画）」（静岡県熱海市）

は約670区画の分譲地全体の買収を実現させたのです。

急ピッチで再開発を進め、2007年11月より約570区画の「温泉付宅地」販売を開始したところ、わずか8ヶ月という驚異的なスピードで506件を完売。さらに63棟の家屋建築請負契約を締結し、最終的には17軒しか建物がなかった分譲地内に172軒のオシャレな家々が建ち並び、約76億円の売上を達成しました。

話は前後しますが、その利益分を原資として、次の目標である南紀白浜温泉の白浜アドベンチャーワールド前に位置する「白浜ホープヒルズ」約13万坪を買収し、新たなまちづくり事業を展開することになったのです。

まちづくりにゴールはない

このようにして私が24歳、1985年（昭和60年）から始めた不動産関連事業は拡大していき、1994年（平成6年）には従業員も300人を超えるまでになりました。その成長に大きな役割を果たしたのが、営業未経験でも販売できる「営業マニュアル」の存在です。私の営業ノウハウを普遍化したマニュアルを私自身がつくり、私が直接、セールスマンとしての教育を行いました。そして、会社組織としての販売力を強化してきたのです。このような売れる「仕掛け」や「仕組み」をつくるのは、私がもっとも得意とすることでした。

もう一つ、先述したように多彩な人脈に恵まれたことも、私がゼロから始めた事業が成長していく大きな要因になっています。私の積極的な行動と、引き寄せの力が、必要な時に必要な人との出会わせてくれたのだと思います。そして現在、私は休眠分譲地の再開発に成功した分譲地において、まちづくり第3期「ＣＣＺプロジェクト」に取り組んでいます。第1期、第2期までに家屋建築数が飛躍的に伸びた分譲地に重点を置いて、さらなる発展を目指すためです。

１９７０年代（昭和45年頃）に開発されたまま放置されて、ほんの僅かしか家が建っていなかった休眠分譲地に取り組んだのは、私が24歳（１９８５年）の時です。それからまちづくり事業を開始して、第1期、第2期の「ＣＣＺプロジェクト」でどれだけ家屋が増えたのか。例えば、琵琶湖畔「風車ニュータウン（約１２５０区画）」では３８９戸、三重県伊勢南志摩「パールランド（約１８００区画）」では４０３戸の住宅が建築されています。これに加えて、三重県津市天然温泉付「雲津台（約６５０区画）」では１６４戸、西京都るり渓「清流台（約２０００区画）」では３７５戸に及びます。これらを含めて、約53ヶ所の分譲地内に建築された家屋の総数は約

７５００戸にも及びます。

第３期ＣＣＺプロジェクトでは、世界中から日本へやって来る訪日客の動向や、私たちの大型分譲地の将来を見据えた「貸別荘１０００棟計画」を立案し、精力的に推進していきます。分譲地内には築年数が増えてきた家屋も多いため、「中古住宅の活用・活性化」も大きな狙いの一つです。

私がＣＣＺプロジェクトを考案したのは１９８４年（昭和59年）なので、すでに40年も続いており、これからも続きます。これら大型分譲地（平均１０００区画）のまちづくりの再生事業の活動は、私が24歳の青年時代から手掛けてきた、いわば私の履歴書のようなものなのです。「まちづくり」というのはここで終わりというものではなく、そのまちに人と人が暮らし続けるかぎり永遠なのです。一瞬たりとも止められないのです。

まちづくりは未来への架け橋です。単なるインフラの維持管理や住空間の整備だけではなく、そこには人々の暮らし、コミュニティの繋がり、歴史や文化が生まれます。それを守り育てて将来へ繋いでいかなければなりません。そのためには、若い人たちへ「ＣＣＺプロジェクト」を繋いでいく必要があります。今、ＣＣＺプロジェクトにより「まちづくり」を進めている琵琶湖（滋賀県高島市）で、私と一緒に泥んこまみれになりながら、分譲地のインフラ管理を行い、まちづくりの夢を追っていただきたい。それは、63歳となった私の願いであり役割でもあります。

分譲地再生事業を半永久的に継続していくためには、同じ志を持つ若い仲間たちとともに、次世代に繋がっていく分譲地のビジョンを、住民の皆様や不在地主様と一緒に描きながら、進めて行かなくてはならないと考えています。

そして、頂点も奈落の底も見てきた男の経験から浮かび上がった教訓とまちづくりのノウハウについて、また会社経営や人生の本質について、一緒に汗を流しながら語り合いたいのです。

「成功する」「幸福になる」ために欠かせないこと

人間には誰しも成長欲求があります。そして「願望」があります。その願望を叶えるために大切なことは何か？

少し精神的な話になりますが、まず一番大切なことは、「人への思いやり」です。

唐突に思われるかも知れませんが、「水」を例に説明させていただきます。

水は冷やせば「氷」、熱すれば「お湯」、沸騰すれば蒸発して気体となり「雲」となり「雨」となります。常に形を変える「水」は不思議な物質です。

「水は掴《つか》めません、掬《すく》うのです」

「心も掴めません、汲《く》みとるのです」

水と同じように「心」も絶えず変化していきます。人間は一人では生きていけないので、自分を取り巻く人の心を「汲みとる」ことが大切になります。他への「思いやり」や「配慮」です。その汲み取り方を理解して、日々実践すれば、必ず仕事も人生も好転します。これが願望を叶えるための基本中の基本です。

次に覚えていただきたいことは、人生には山があり、「まさか」の坂や谷もありますが、しかし、どんな難問に出会っても、可能性がある限り必ず答えがあるということです。

私は、難問に直面すると諦めてしまう人に対して、どうして必ずある回答に向かって粘り強く突き進む自分をイメージしないのか不思議に思います。この世で起きた問題や事件は、必ずこの世でおさまり、答えは発見できるものです。もし完璧な回答がなければ、より良い代案を見つけ試して行けば道は開けます。やろうと決心したら諦めないで、失敗を恐れず「ベスト」を目指さず、より早く「ベター」を目指す行動に移してみましょう。

私の今までの経験から、これは真実です。決して根拠のない戯言《たわごと》なんかじゃありません。人によって時間はかかりますが、「ありがとう」との感謝の気持ちを持ち、粘り強く、そして明るく強い心で積極的に行動していれば確実に目標は達成するものです。

このことは、成功者の思考と行動を見るとよく分かります。思い続けた目標に対してみんな結果を出しているのです。

ナポレオン・ヒルの名著『思考は現実化する』はあまりにも有名です。

５００人以上の成功者にインタビューをして、彼らの共通点を体系化し成功法則を導き出したこの本は、全世界で10億部を超えるベストセラーになっています。

夢を抱く力、考える力、幸せを得たいという強い心、積極精神と自己の向上し続ける信念があれば、世の中で起こっていることは、すべて自分の意思のままになるとナポレオン・ヒルは断言しています。ナポレオン・ヒルは、大宇宙のエネルギー（大日力）を自分自身の心に受け入れるコツさえ掴めば、頭に思い描いたことは必ず実現化すると説いているのです。私は空海の密教の教えと通じていると理解しました。

ナポレオン・ヒルの『思考は現実化する』については、私自身もそれを実践して来ました。しかし、10億人もの多くの人に読み継がれ影響を与えてはいますが、誰もが幸せになったか、成功したか、思考は現実になったかというと、必ずしもそうではありません。それは、個々人の資質や努力の持続性にも原因があるかも知れませんが、それ以上に、正しいメソッド、ノウハウ、あるいは条件というものがあることを見落としていた可能性がありそうです。正しく実践することの大切さを学べば、願望は必ず達成できるのです。そのポイントを述べてみます。

①明るい

明るく前向きで、「積極精神」を持つポジティブ思考の人には人が寄って来ます。周囲の人々を自然と惹きつけ、チャンスを引き寄せて夢を叶える力を持つのです。明るい人こそが現実を形作るのです。

いっぽう、ネガティブ思考の人は、人を遠ざけ望む現実をも遠ざけてしまう。思考は現実化しません。

②元気

心身ともに健康であることは、人生を豊かにするための必須条件です。元気がなく健康状態が良くなければ、思考は現実化しません。

長生きをするということも重要です。

若い時には気づかないものですが、チャレンジを続けていれば失敗はなく、諦めた時が失敗なのです。そのチャレンジする時期が、40代までなのか50代か、それとも60代までなのか？　私の場合は、92歳まで現役で元気に仕事をしているというハッキリとしたビジョンを持っているため、あと29年という月日があると考えています。40代や50代の途中で元気がなくなり、体が悪くなって入院でもしたら、ノーチャンスになってしまう。そんな明確な人生のビジョンが持てたのは、私は63歳となり長生きして元気に過ごすためには、心も体も健康であることが絶対条件だとわかったからです。そのために、私はありとあらゆる健康法を毎日実践しています。

③自分の能力を向上する

歴史を学ぶ、いろんなことに興味を持つ、常に「なぜ？」の気持ちを持ち続け、とことん研究するといったように、とにかく自己の向上を目指すことです。自己成長が止まれば、思考は現実化しません。チャンスがあっても到底何も掴めません。ということは、自分を磨かなくてはいけない。高みを目指さなくてはいけない。自分の能力を向上して、いろいろな体験をしないことには、思考は現実化しないのです。これは当たり前のことです。

④精神集中

私は空海の弟子であり、そして仏教の秘「密」の「教」え・「密教」、その中の精神統一法あるいは護摩焚き、そして呪文、おまじない「ノウマクサマンダバザラダンカン」というものを取り入れ実践しています。

そして、今私が興味を持っているのは本書の第5章に詳しく述べた6500年前の「ホツマツタヱ」という古文書の「あわのうた」です。このうたは、すべて自分自身の「声」から大宇宙へ発する音の振動です。大宇宙からのエネルギー、つまり太陽からのエネルギーに人間の心は繋がっています。

思考が現実化するということは、宇宙に、太陽に、自然に、自分の生命に、家族に感謝をすることと密接に繋がっているのです。だから、この感謝の気持ちがない人に対しても思考は現実化しませんと、今なら言い切れます。

どの呪文やおまじないをするか、精神集中の方法は人それぞれですが、音の周波数や振動といった宇宙の太陽のエネルギーを心と体に得るということが重要です。それは、熱い場所だけ、寒い場所だけという偏りではなく、サウナのように熱いものの後に冷たいものに浸かるように交互に、ほどほどに味わうように、心と体を整えることが大切です。つまり、太陽の光を浴び続けるだけでなく、例えば木陰へ移動することを繰り返し行い、自然の力を理解し感謝することで、思考は現実化するのです。

あとはとにかく積極一貫、常に何にでもチャレンジするという精神を持つことで、周りが自分中心に動き、そして宇宙が、太陽が、月が自分中心に回り、そして自分の願望が限りなく伝わるということになるのです。若い頃は、２倍働いて５倍の収入を得るという考え方で無茶苦茶働いて来ましたが、63歳になった今、同じ頑張り、努力、チャレンジするのであれば、このような積極精神のメソッドを理解して頑張らないと無駄な頑張りとなる、という最終的回答を見出しました。もしこのことが若い人たちに届き、真摯に受け止めてもらえるのなら、それぞれの願望が達成するキッカケになればとても嬉しく思います。

失敗すれば失望する？

失敗したら確かに失望します。

しかし、何もせずに「あの時、行動していたら今頃は…」と後悔するよりも、行動を起こし失敗して経験をした方が何倍も価値があると思いませんか？

私が失敗した時に、「潜在意識」にまっすぐ届き、「潜在能力」を奮い立たせる「甦りの言葉」があります。中村天風先生の『運命を拓く』の序に書かれた、「朝旦偈辞《ちょうたんげじ》」の言葉です。私は、この言葉が大好きで、困った時などに思い出してたくさん救われました。


中村天風・「朝旦偈辞」

我は今、力と勇気と信念を持って甦り、新しき元気を持って正しい人間としての本領の発揮と、その本文の実践に向かわんとするのである。

我はまた、我が日日の仕事に、溢《あふ》るる熱誠《ねっせい》をもって赴く。

我はまた、喜びと感謝に満たされて進み行かん。

一切の希望、一切の目的は、厳粛に正しいものを持って標準として定めよう。

そして恒に明るく朗らかに統一道を実践し、ひたむきに人の世のために役立つ自己を完成することに、努力しよう。


私は貧乏人の息子で、学歴も高校中退の落ちこぼれのアホ。秀でた才能も持っていませんでした。しかし、「必ずお金持ちになって贅沢三昧をしてやる！」という強い意志と、何にでも興味を持てば研究し、積極的にチャレンジしては失敗し、踏まれても転んでも必ず起き上がって、どんな困難にも立ち向かう忍耐と粘り強さを持ち合わせていました。

当然、１９８２年（昭和57年）の私が21歳からの成り上がりへの道は、決して簡単ではありませんでした。

成功と同じくらいたくさん大失敗もしたのです。その度に何回も挫折を味わいました。

しかし、失敗は単なる無駄なのでしょうか？

私は失敗を無駄にはしませんでした。失敗から学び、「神仏は乗り越えられない壁（問題）はお作りにならない」という教えにより、何度も何度も立ち上がることの大切さを知っていたからです。こうしてビジネスの世界も私生活の中でも、不測の事態に陥った時、積極的に這い上がれる力が身についたのです。

自分の強さや弱さに気づき、我慢強く努力を続けた先にあるものが実力です。経験を通じて自分を磨いて自身が向上していくこと、すなわち自己投資することが、実力を育てる正攻法なのです。しかし、独断に偏らず、周りへの配慮や自分への意見もバランスよく取り入れながら、試行錯誤を繰り返して経験を積む訓練をしてください。そうすれば、自分の能力、自分の器の大きさを知ることができます。

今思えば、これまでの私は明るさと、元気と、やる気と、不思議な自信しかなかった。「地位」も「名誉」も、さらに何の「プライド」もないし、やるだけ積極的に努力してダメだったらしようがないという潔さも良かった。しかし、「絶対に金持ちになってやる」という強い気持ちは誰よりもありました。何の根拠もない自信です。それが私の性格だったということなのでしょうが、自分を支えていくエンジンのようなものだったのです。

若気の至りという言葉がありますが、法律さえ犯さなければと、若いからこそ許される恥や失敗はたくさんしましたが、大切なのは後悔しないことです。積極的に行動しないと何も生まれない。どんどんチャレンジしないと、何もその先は繋がらないんです。

大事なことは、若い人たちが積極精神をもとに「私なら確実にできる。できて当たり前」と自信を持って思うことができるかどうかです。積極的に「幸せを感じる力」を育て自己の成長と、そして明るく前向きに生きている人であればあるほど、難しい問題にぶつかっても「できて当たり前」と自己暗示ができるようになるのです。その実現達成レベルは高くなるのです。

目標達成のためには、今何かが足りないから失敗するのだと考えます。つまり、その足りない何かを補えば、失敗しない方法は必ず見つけ出せます。

現状の不足を補い、必勝の信念でのぞむ。諦めない限り絶対に負けはしないのです。成功している人はすべてに感謝の気持ちを持ち、「明日死ぬかも知れない。今日しかない。明日はない」と今を大切にして覚悟と信念を持ち続け諦めなかった人たちです。だから成功者になれたのです。

若い時は、常にアンテナを張り、チャンスを探し何でも貪欲に吸収するべきです。そして、本当にやり甲斐があるものは何かを知ることは、死ぬまでに与えられた時間の本来あるべき使い方だと思いますよ。

今を楽しめない人は老後も楽しめない。年齢を重ねるに連れて、どんどん時間切れになってしまうのですから。つまり、目標に向かって行っても、途中で諦めたり、病気になったり、他界すればすべてノーチャンスです。その目的や目標を達成するためには、いかにして病気をせずに元気で長生きをするのか。歳を取れば取るほど、これが重要になってきます。

人生楽しまないと意味がない

先に書いたように、私はアホでやんちゃ過ぎて、神戸市立神戸工業高校中退の宣告を受けた男です。

1977年（昭和52年）私は高校2年、16歳でした。応援団の副団長で、夜は神戸の暴走族「交通安全協会」のリーダーで、改造バイクや車高短《シャコタン》をかっ飛ばし、真っ白なスーツを着たオシャレなやんちゃ坊主。そんな毎日が楽しい青春の日々が、一転して社会に放り出されたのです。とにかく社会に飛び込み、多くの洗礼を受けながら、生きていくために講習宣伝販売や布団の飛び込み販売、そして不動産販売の仕事と出会い、いずれもトップセールスマンとして走り続けていました。

著者（左）15歳　応援団の仲間たちと

とにかく遊ぶ、オシャレをする、速いバイクや車を買うのにお金が欲しかった。

当時は、今のように充実した就職サイトがある訳ではないので、とにかく自分の嗅覚だけを頼り

に、給料の高い会社、歩合など成果・能力に応じたインセンティブのある会社の仕事を探しました。

自分の取り柄である、明るさとコミュニケーション能力を強みに活かした仕事を見つけました。医療機器の販売や布団のセールスなど、営業マンとして顧客との信頼関係を築いてトップセールスマンになると、もっと給料や歩合率など条件の良いところへと転々と渡り歩きます。数々の会社でトップとしての結果を残しながら、不動産会社に行きつきました。

１９８２年（昭和57年）、その不動産会社の倒産に遭遇し、私は21歳の時に六畳一間の事務所を借りて、フルコミッションの営業マンをしながら、不動産企画会社をつくり個人事業主として独立したのです。

しかし、私は不動産仲介だけでは会社は成長しないと悟り、未来に繋がる「まちづくり」を思い描きました。雑草が生い茂る休眠分譲地を見つけ、住民の幸せな暮らしをイメージして、自己資金なしでまちづくりを再び甦らせることを考えたのです。１９８５年（昭和60年）私が24歳で資金も信用もない状態でしたが、水道を整備し、自治会組織を立ち上げて再開発を進めました。こうして、まちづくり再生システムを「発明」し、自社物件（分譲地）として販売するための「商品を創る」という画期的なビジネスモデルを考案し、全国に散らばる土地所有者を探し、いろいろな問題の壁を乗り越えながら事業を展開しました。

それは気の遠くなることの連続でしたが、若さゆえのバイタリティーと金儲けの基本システム

CCZプロジェクトを「発明」した喜びの方が断然大きくて、もう前にしか向いていませんでした。

これが、私が24歳で仲間5人でスタートした会社が、僅か4年で100億円企業グループになっていくキッカケです。

不動産業界はすでに成熟した市場で、不景気という逆風が容赦なく吹き荒れるタイミングでの出発でした。そんな世の中にあって、いかにしてビジネスモデルを完成させるか、オンリーワン企業にワンチームで挑む！これが至上命題だったのです。

一般的に、誰もが注目している分野で成功するのはとても困難です。すでに競争が激しく差別化が難しいからです。

一方で、誰も見向きもしないような分野（休眠分譲地の再開発）に着眼することで、大きな利益を上げられる可能性は十分あります。

私たちの場合、それは「タダ同然」の価値でしかなかった、誰からも忌避され見棄てられた草ぼうぼうの分譲地だったのです。誰も見向きもしない土地にあえて着目し、ビジネスの芽を見出しました。そこには大きな可能性を秘めたビジネスチャンスが眠っていたのです。

草ぼうぼうの休眠分譲地は再開発により甦った

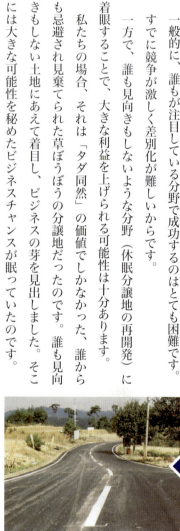

もちろん、この最初のまちづくり再生事業は、思い描いた計画よりも随分時間もお金もかかったし、投資費用の回収にかなり苦労したので、不満もたくさん残りました。

その経験を生かして、１９８８年（昭和63年）私が27歳の時に、琵琶湖に面する滋賀県高島市に所在する「風車ニュータウン（１２８０区画）」を立ち上げました。

そこは元々開発販売会社が倒産して、債権者が道路や私設水道施設も封鎖して25軒の家屋への給水もストップされた休眠分譲地でした。

そして、「ＣＣＺプロジェクト」を導入することにより、私がすべての問題を解決することとなり、２００４年（平成16年）８月現在では４０９軒の家屋が建築され、今も７軒が建築中で貸別荘など建築ラッシュの中で第３期「ＣＣＺプロジェクト」として全国展開していくモデルが完成しました。その意味において、かけがえのない価値創造に繋がるビジネスモデルを日本で初めて築き事業化したのです。しかし、まわりのライバル会社は、昭和63年当初この「ＣＣＺプロジェクト」を「金儲けの発明」と揶揄《やゆ》するのです。

私は、昔から「宵越しの金は持たない」という考え方でやってき

CCZプロジェクトにより着実にインフラ整備が進んだ

ました。単にお金に無頓着で、楽しかったらいいんじゃないのっていう考えです。それは、お金よりも経験や楽しさを重視するという私の価値観に基づいています。

だから、仕事もゲームも一緒ですよ。常に挑戦し、失敗から学び、成長させていく。どちらも楽しむことが目的なんです。「やりたいことを全部して、人生を楽しまないと生きている意味がない。経営者の仕事も、売上の低迷期にはゲーム感覚を持つことです。社会貢献しながらお客様に喜んで買っていただくには？　社員に喜んで売ってもらうには？　どうすればいいか、目の前のステージをクリアしながら成長させて行き、売上ポイントを獲得するゲームのように考えれば、どんなに難しい仕事でも楽しさでしかありません。

常に新しいことに挑戦し、失敗を恐れずにあえてリスクを冒《おか》すことで、私は人生を豊かに楽しく生きてきたわけです。むしろ、失敗から学ぶことの方が多かったと思います。

「お金がなければ何もできない」では、社長（リーダー）である必要はありません。

若い頃は、金儲けのためのアイデアを生み出すことに情熱を注ぎ、仕事に没頭していました。しかし、年齢を重ねるにつれて、仕事よりも投資の重要性に気づくようになりました。事業家は常に投資家であり、自分の時間やアイデア、そしてお金を自分自身の未来に投資することで、成功や豊かな人生を手にすることができます。

だから、私は大失敗も多い。でもそれが楽しい訳です。なぜかというと自分がやりたいことだから、それに尽きます。自分の能力に自信があって取り組んで、一生懸命にやるだけのことをして失敗したら、仕方がないことであって、後悔の念は一切ないのが私なのです。病気ですね。

そんな自信の源泉というのは、明るく元気で「積極的」でポジティブな「心」から湧いて来る。自分の責任において失敗を恐れず、やりたいという前向きな「心」が大切です。

いわゆる「凡人」なら、そうはならないかも知れません。多くの人は、失敗を恐れて何もしないか、それとも現状維持に固執してしまうんです。明日もあるからと、なんとなく朝起きて食事をしてタイムカードを押して。「今日しかない。今しかない」という考えがない人は、必ず明日やれば良いと面倒なことは後回しにする。そのような「消極的」でネガティブな人は、自分に自信がないから「失敗は恐怖」でしか感じられないでしょう。

しかし、起業独立して自己責任の世界で生きている人は、失敗しても誰も守ってくれない。誰も責任を取ってくれないので、その「失敗は恐怖」の気持ちを強く持つ必要があります。リスクは当然あります。しかし、大きなリターンの可能性は誰よりも無限にあります。

私の経験から言えば、夢や目標を現実化した喜びは、収益だけではありません。毎日が楽しく、やり甲斐や多くの出会いが生まれます。そして、「幸せを感じる力」が育ち、自分自身にとって何が必要で大切なのかが見えてきます。「幸せな人生」のイメージが明確に、動画のようにハッキリと鮮明に見えるのです。

2009年（平成21年）再開発中の「白浜ホープヒルズ（1666区画）」のまちづくり

白浜アドベンチャーワールド前の分譲地「白浜ホープヒルズ」（和歌山県西牟婁郡白浜町）

第2章

敗戦によりアメリカの統治下時代の沖縄で生まれた私の原点

私のルーツは「沖縄」にある

やんちゃな成り上がりのルーツは、実は沖縄抜きには語れません。

私は、1961年（昭和36年）2月21日沖縄県浦添市で生まれ、6歳まで沖縄で育ちました。

4歳の時、私の家は火事で消失し、家財のすべてを失いました。

父は単身、神戸に住む叔父を頼って沖縄から離れて出稼ぎに行きました。残された家族は、父が仕事が見つかり、神戸の家で暮らそうと迎えに来てくれた6歳までの幼年時代を、沖縄で過ごし、そして神戸へ移住しました。

1965年（昭和40年）当時の沖縄はアメリカの統治下にあったため、通貨単位は円ではなくドルでした。車は右側車線を走っていました。日本本土に渡るにはアメリカ民政府発行のパスポート（日本渡航証明書）が必要でした。日本国民なのに日の丸の旗を揚げることも規制されていました。

沖縄をアメリカの軍事基地にするため、彼らの都合で押し付けた制度や、理不尽な命令も多々あり、沖縄の人たちは大変苦労し、悔しい思いをしたと思います。

幼かった私は大人たちの事情を知ることもなく、毎日遊ぶことに夢中でしたが、その頃の家族の思い出は今でもしっかりと覚えています。

1964年（昭和39年）当時、米軍キャンプ内でガーデンボーイ（植木職人）として働いていた父、若い米軍の兵隊さんの下着の洗濯をしていた頃の母、優しく自由人の気風を持つ叔父・上野忠一の若い頃の腕っぷしエピソード。そんなルーツへのノスタルジーが、私を沖縄へ沖縄へと駆り立てるのです。それは、自分自身の原点を問い直すキッカケでもあったのです。

私の父は、鹿児島県の最果て、沖縄本島の北部に位置する、鹿児島県奄美諸島の沖永良部島《おきのえらぶ》・和泊《わどまり》（世帯数3292軒）という小さな村で生まれました。沖永良部島は、1862年に西郷隆盛が薩摩藩の重罪人として島津久光公に流刑《るけい》（島流し）にあった島として有名で、私のひいばあちゃん（高祖母）は、その西郷隆盛の身の回りの世話をしたという家伝があります。

父に「西郷隆盛の身の回りの世話をしたということは、私たちの家はもしかしたら沖永良部、はたまた鹿児島、薩摩隼人《さつまはやと》の名門ではないのか？」と聞いた時のことです。しかし、父は「いやいや、単なる飯炊きおばさんだったんだよ」と笑いながら答えてくれたことを、今もよく覚えています。

父（植英）は、酒もタバコも女もしない真面目な人で、頑固一徹な性格でした。村の防火活動に長年尽力し、鹿児島県から表彰されました。その父は昨年他界しました。

母（旧姓・宮城和枝）は、沖縄北部（ヤンバル）奥村での貧しい暮らしから、家族・親族とともにフロンティア精神で沖縄からサイパンへ移住し、コーヒー農家を営んでいた祖父母より生まれ幼少期を過ごしていました。その後、第二次大戦で捕虜となった母は、1945年（昭和20年）敗戦後の処理として、米軍によって出生地の沖縄の奥村へ連れて帰ってもらいました。そこで米兵の親切に触れた母は、戦後の沖縄でもアメリカに対して好意的な印象を持ち続けています。94歳となった現在も神戸の老人ホームで元気に暮らしています。

父の兄、忠一叔父さんに、私は親戚からよく似ていると言われます。破天荒な性格、積極一貫な行動力、何事も決して諦めない精神力、どれをとっても瓜二つらしいのです。

戦後間もない頃、沖永良部島には理髪店がなく、散髪のためにわざわざ遠方の沖縄か鹿児島へ出掛けるか、家で丸刈りにするしかありませんでした。不便で旅費もかかるし、貧乏な島民にとっては大変なことだったのです。見かねた叔父は一念発起し、無免許で「床屋を開く」と突然言い出したのです。

島民は大喜びしますが、そうはいっても理容業の免許がなければ営業はできません。叔父は役所に何度も出向き、島における理髪店の必要性を説きます。しかし、資格はない、経験もない、資金もない等で無資格営業の許可は一向におりず、理容業組合からも当然クレームが来ます。時間が経ち、誰もがもう無理だと諦めかけましたが、叔父は諦めませんでした。そして、粘りに粘って、とうとう営業許可を取ってしまったのです。

その後、叔父はその理髪店を弟らに任せて、「もっと稼げる仕事を見つけて暴れたい。沖縄の米軍基地で働くんだ」と言って、島を出て行ってしまいました。

米軍基地の賃金が日本より遥かに高いところに、叔父は魅力を感じたのです。しかし、コネもなく、おいそれと日本人が米軍基地で働くことはできません。そこで叔父の取った行動は、基地内への不法侵入でした。基地内は広大な敷地で、ショッピングセンターやレストラン、バーなど生活に必要なものがすべて揃った一つの街を形成していました。一度ここへ潜り込めさえすれば、職にありつけると考えたのです。

米軍基地内は治外法権だから不法侵入者には容赦はなく、見つかれば銃で撃たれてもおかしくはありませんが、持ち前の思い切りの良さでうまく潜入を果たし、仕事にもありつけました。しかし不法は不法で、ＩＤカードを持っていない叔父はとうとう屈強な警備員に捕まってしまいます。叔父は警備員から血を流すほどのひどい仕打ちを受けましたが、基地で長年働く長老が同情してくれたおかげで、なんとか働くことができました。

基地内での生活に慣れてきた叔父は、いろんなアイデア商売を始めます。その一つがボクシング興行で、米兵も参加自由というものでした。それは、容赦なく叔父へ暴力をふるった警備員の男が大のボクシング好きだと聞いたからです。リングの中ならお咎《とが》めなく思いっきり戦える、そう叔父は考えたのです。

しかしその男は、故郷ではアマチュア・ヘビー級のチャンピオンだったのです。到底歯の立つ相手ではないと思われましたが、背の低い叔父はリングに立ち続け、なんとラスト40秒で、その巨漢男に巻きつけるような右アッパーを顎に見舞いノックアウトしたのでした。

信じられない光景に一瞬会場は静まり返りました。そしてすぐに割れんばかりの歓声が上がったのです。それは、ガキ大将だった叔父の不可能を可能にする根性精神と冷静な頭脳プレーが奇跡を起こした瞬間でした。

こうして叔父は、基地内で認められ信用を得ました。基地内で叔父の名前を出せば、なんでも融通を効かせてもらえるようになったのです。叔父の口利きによって、沖永良部島から仕事のない人々全員が沖縄のアメリカ軍の基地で働ける権利をもらいました。父も米軍で勤められることとなり、他の島民と一緒に沖縄へ移住しました。

ある日、沖永良部島で病人が出て、生きるか死ぬかという出来事がありました。その時、叔父はその権利を使って、米軍のヘリコプターを沖永良部島に飛ばして救急病院に運んだというエピソードがあります。

伊勢南志摩の海に面する100万坪のパールランド（約1800区画）の分譲地で、インフラの維持管理の仕事を今一緒にしている木村誠さんが、沖永良部島の同じ村の出身で、その木村さんのお父さんや親戚は、忠一叔父さんの散髪屋さんへ通っていたのです。そのため、叔父の武勇伝の話を私以上に知っていて、世の中狭いなと感銘を受けました。その後の話を彼に聞くと、現在も慣例となっていて、沖永良部島で急病人が出て必要な場合は米軍からヘリコプターで病院に運んでくれているとのことです。島民みんなの幸せのために、叔父は先頭を歩き切り拓いて行きました。そのチャレンジ精神やフロンティア精神という共通点が、叔父と私が似ている所以《ゆえん》なのかなと感じました。

父が米軍基地内でガーデンボーイ、母は独身の若い軍人の下着の洗濯の仕事をやっていたこともあり、その軍人の偉いさんのところで私はよく預けられて遊びました。今でも憶えています。リチャードくんとマイケルくんたちがいつも遊び相手でした。私は、不思議と英語も喋れ

沖縄の米軍基地（普天間飛行場）

ないのにずっと一緒にいました。言葉は分からなくても、約1万年前の縄文時代の時の右脳を活性化させて、テレパシーで遊んでいたのではないかと思います。私がよく「日本人ぽくないね」って言われるのは、そうした幼少期があったからかもしれません。

あるいは、サイパン生まれの母、そしてアメリカの支配下だった沖縄で生まれた私は、男前で日本とアメリカのハーフだと思います。

沖縄に対する格別な想い

沖縄での思い出はたくさんありますが、私の故郷・沖縄を語る時、絶対に忘れてはならない話があります。それは、1944年（昭和19年）私が生まれる16年前、戦争末期の沖縄で壮絶な戦いがあり、数々の悲惨な出来事があったことです。

レジャーで沖縄に行くことはあっても、その出来事を詳しく知る人は少ないのではと思います。しかし、これだけは知ってほしい、後世まで語り続けてほしいと、私が強く思う話です。

太平洋戦争の末期、沖縄は本土防衛の最後の砦《とりで》となり、唯一地上戦による戦闘が行われました。軍人だけではなく、沖縄県民の４人に１人という多くの犠牲者がでました。約４５０年間も続いた琉球王国の時代から、戦争そして戦後になっても、沖縄は常に日本のために犠牲を払い続けたのです。こうした悲惨な歴史の上に、今の平和があることを知ってもらいたいのです。

第２次世界大戦の終戦、１９４５年（昭和20年）８月15日から79年経った今でも、沖縄ではかつての悲劇の記憶が色濃く残っています。

天皇・皇后陛下をはじめ、上皇・上皇后陛下、秋篠宮殿下ご夫妻など皇室の方々は、沖縄の苦難を真摯に受け止め、平和への強い願いを抱いていらっしゃいます。特に、上皇・上皇后陛下は沖縄をこれまで11回も訪問され、糸満市にある国立沖縄戦没者墓苑と平和祈念堂で供花を捧げるなど、沖縄戦没者への慰霊に力を注がれていらっしゃいます。

私は沖縄出身者として、両陛下の想いに深い感謝の念を抱いております。そして、そのようなニュースを聞く

写真：一般社団法人日本地方新聞協会・議会新聞

たびに、世界人類の平和を進める活動を行いたいと意欲が湧いてきます。私は、事業家であると同時に僧侶として活動しています。沖縄戦で犠牲になられた方々を慰霊し平和を祈願するのは、沖縄で生まれた僧侶である私の勤めです。そのため沖縄戦による戦没者24万1336名の供養活動を、毎年沖縄の終戦記念日の6月23日に執《と》り行っております。また併せて、沖縄戦の海軍代表であった大田実《みのる》少将が、手榴弾《しゅりゅうだん》で自決したことに対する私なりの供養を執り行っています。

大田実少将の話は、ご存じでしょうか？ ウチナンチュー（沖縄人）であれば誰でも知っていることですが、少し詳しくお話しします。

沖縄戦敗戦が迫った1945年（昭和20年）6月22日、大田少将は沖縄県民の敢闘の様子を記した電文を本土の海軍次官あてに送りました。その文面には、沖縄県民に対する深い愛情と、沖縄戦の悲惨さを伝える内容が綴られていました。この電文は、沖縄戦の悲劇を象徴する重要な資料となっています。

電文の内容は、沖縄県民が軍の作戦に協力しながらも、食糧不足や米軍の攻撃に苦しんだ様子を詳細に伝えています、私はこの電文を読んで、沖縄県民の犠牲の大きさにあらためて心を痛めると同時に、やる方ない疑念も湧いてきます。軍人が戦って戦死するのはある意味で仕方ありませんが、一般市民がどうしてこれほど犠牲にならなくてはいけなかったのでしょうか。沖縄がなぜこのような悲劇的な運命を辿《たど》らなければならなかったのでしょうか？

（電文の現代語要約）【沖縄県民斯く戦えり 県民に対し後世特別のご配慮を賜らんことを】

沖縄本島に敵が攻撃を開始して以降、軍は県民のことに関してはほとんど顧みることができなかった。にも関わらず、沖縄県民は青年・壮年が全員残らず防衛のための召集に進んで応募した。残された老人・子供・女性も、悲惨な状況にあるのに軍の作戦の邪魔にならないように狭い防空壕でじっとしている。しかも若い女性は率先して軍に身を捧げ、看護婦や炊事婦はもちろん、砲弾運び、挺身斬り込み隊にすら申し出る者までいる。陸海軍の部隊が沖縄に進駐して以来、終始一貫して勤労奉仕や物資節約を強要されたにもかかわらず、ただひたすら日本人としてのご奉公の念を胸に抱きつつ、遂に・・・（判読不能）与えることがないまま、沖縄島はこの戦闘の結末と運命を共にして草木の一本も残らないほどの焦土と化そうとしている。食糧はもう六月一杯しかもたない状況であるという。沖縄県民はこのように戦い抜いた。県民に対し、後世、特別のご配慮をしていただくことを願う。

これが全文ですが、どのような感想を抱かれたでしょうか？ この電文に、心を揺さぶられない日本人はいないと思います。しかし、今や世界有数の先進国となった日本は、これまで沖縄県民に対していかなる特別な配慮をしてきたのでしょうか。大田少将の思いは、継承されているのでしょうか。

今なお、沖縄には米軍基地の問題があります。私は大田少将の言葉を思い出しながら、複雑な思いでニュースに注目しています。小さい頃から父母に何度も聞かされた、壮絶な戦争体験と沖縄。子を持つ親の立場となって、父母の辿って来た道や戦争体験の話に触れ、あらためて両親に対する感謝の念を深くしました。無償の愛を注ぎ続けてくれたことが、本当に尊い、この人たちには絶対に敵《かな》わないと身に染みて感じ入り、2011年（平成23年）8月29日に沖縄の那覇市金城2丁目8番地4に両親の家を購入して同居しました。

内地（本土）とは異なる沖縄。このことを私たちは何度も肝に銘じなくてはなりません。私は、あらゆる宗派を超え、政治的な立場を超えて、日本人として決して忘れてはいけない沖縄の悲劇を、沖縄人の忍耐力を、そして、この記憶を未来の「世界人類の平和」へと繋げていかなくてはならないと、改めて私自身の「覚悟」として心に念じて活動しております。

米軍の輸送機オスプレイ

今となっては信じられない話ですが、50年前の私が子どもの頃は、沖縄人と言ったらいじめられる。だから、母からは沖縄出身と言ったらダメよと言われていました。今でこそ、安室奈美恵さんをはじめとする沖縄出身の歌手が全国区となり、沖縄のイメージは180度変わったのですが、当時はそうじゃなかった。

幼い頃のことですが、大人になった今でも当時の思い出は鮮明に記憶しています。

たとえ小さなエピソードでも思い出すたびに、懐かしさが胸の底から込み上がります。不思議なことに、なぜか身体の奥底から熱いものが湧き上がり、積極精神へと繋がるのです。

今でも「沖縄」という言葉が耳に入れば、思わず聞き耳を立てるほどに敏感に反応し、テレビや新聞などで沖縄のニュースを見聞きすれば、どうしても気になって仕方のない自分がいました。全国高校野球で沖縄の学校が勝てば我が事のように喜び、米軍基地問題のニュースが流れると無性に腹が立って意見が言いたくなるのです。

私の身体の中には、琉球王国時代からのウチナンチュー（沖縄島民）のDNAが強く受け継がれていると思うこと

美しい沖縄の海（沖縄本島北部の辺野古海岸に米軍基地を新設工事中）

が多々あります。沖縄の超能力者「ユタ」や多くのスピリチュアル系の方々から「あなたを沖縄の龍が守護している」と言われますが、それをとても誇りに感じ、誰に対しても「私のルーツは沖縄です」と自慢げに話したくなるのです。

私がこれまで手掛けていた土地の再生から、理想のまちづくりに至るまでの情熱とノウハウを沖縄の活性化と発展に注ぎたいと考えています。

そして私は、沖縄生まれというルーツ、沖縄人としての誇りを持って、常に積極的な人生、逃げない、我慢強い、明るく楽しい人生を送りたいと思っています。

やんちゃな成り上がりの青春時代

私の家が火事になったことで、沖縄本島の浦添市から6歳の時に神戸へ移住しました。引っ越した先は、六畳一間で風呂はなく、家は貧乏で、両親は共働き、父は港でフォークリフトに乗り、母は線路下のアンテナ工事で働き、私はカギっ子でした。

そんな家庭環境だったからこそ、「ボクは必ず金持ちになってやる！」と、いつも心の中で叫び続けました。

よく「子は親の性格を受け継ぐ」といいますが、私にはそれがまったくできませんでした。タバコも酒も呑まない、生活はとても慎ましい両親を見ていて、「なんでこんな面白くない人生を送っているんやろか？」と。

「あいつの家は金持ちや、風呂のあるデカい家に住んでいる」
「あそこのお母ちゃんはべっぴんで、いつも家に居て料理が上手く、マイカーを持っている」

わがままなだけなのか、「自己チュー」だったのか、とにかく言い訳ばかり考えて過ごしていました。

そして、少なくとも親は選べないというところから自己改革が始まりました。今の若者コトバで言うところの「親ガチャ失敗」という境地です。

自分の境遇をグチっても進歩はない、むしろ暗い性格になるばかりだ。前向きに進歩するために無理をすればすぐにアホだし頓挫《とんざ》してしまうから、自分らしいレベルの低いところからカッコ良くなるための自分磨きが始まりました。小さい努力でも沖縄出身者として何か自分らしい何かが生まれるはずだと。

父母への反発もあり、親のやることなすことすべてが嫌いだったので、両親のようにはなりたくないと、中学生になってからは父母とは全部逆さまに行動したのです。

私の行動の第一歩は、非常に単純でした。

「女の子にモテる男になって目立ちたい」ということです。

じゃあ、モテるためにはどうする？ 明るくてやっぱりカッコいいのがいいに決まっている。カッコいいヤツはオシャレで不良っぽい。これだ！

中学校は丸坊主しか認められていませんでした。一枚刈りより五分刈り、ちょっとでも髪を長くしました。同じ坊主頭だったら染めたほうが目立ってカッコいい。コーラで頭を洗うと赤くなると聞いて早速実行したものです。しかし、それもイマイチな気がして、もっと目立とうと考えました。

目立つために考えたのが、当時アイドル全盛だった郷ひろみが、耳にピアスをしてテレビ番組で歌っていました。学校でも話題となっていたので、流行を先取りしてやろうと私もピアスの穴を開けてみたのです。

でもお金がないので押しピンで開けました。涙が出るほど痛かったけれど、カッコよく見せるための我慢なら何でも頑張れたのです。

押しピンで開けて18Kのピアスという訳にはいかず、母のマチ針を自分なりに加工して、5ミりくらいに切った消しゴムで耳の裏側でマチ針の先を止める。

それで学校へ行くと、同級生から「カッコいい」と注目度はバツグンでした。

しかし、その時は風紀係の先生が飛んで来てピアス（マチ針と消しゴム）が没収されました。

とにかく、モテるためなら何でも夢中で挑戦しました。

女の子にモテるためには、歌も上手い方がいい、ギターも弾けた方がいい。モテるため、目立つためなら必死で練習したのです。

いつもオシャレな学生服の長ラン・ズボンはボンタンばかりだとカッコ悪いから、土日は、歌手のジュリーのように派手な白いスーツを着て大人ぶり、眉毛を剃ったりして「やんちゃ」スタイルを自己プロデュースすることに積極的に励んだのです。


中学そして高校と、そんなふうに過ごしました。

学校の成績は2と3ばかりで悪かったし、基本的にアホで勉強は大嫌いでした。

というより、私の周りはやんちゃなヤツばかりでしたので、勉強する環境ではなかったという言い訳をしていました。

両親からは「人に怪我をさせたり、警察の厄介にだけはならんといて」と心配され、やんちゃはエスカレートしましたが、それだけは不思議と守りました。

勉強はできないアホでも、いつもアイデアだけは無限に出てきました。勉強ができるのと、アイデアを生むことは同じ脳でも、左脳より右脳が働き、普通の人と細胞の働き方が違うのではないかと思います。

とにかく貧乏だったので、いつも金儲けのアイデアばかり考えていた学生でした。

他の同級生と違って、親から何も買ってもらえなかったので、小学校4年生から自分で新聞配達や自分で捕まえた昆虫の販売のバイトをしたり、どうすればもっとおいしい小遣い稼ぎができないかを考えないと、遊びも自転車やバイクを購入することもできないからです。

中学3年生や高校生になっても、一つのバイトだけだと当時時給が3～400円しかもらえず、オシャレのため欲しかった洋服やジーパンそしてバイクを買ったり改造したりするお金も気が遠くなるほど時間がかかる。

効率よく稼ぐためにはどんなアイデアがいいか、考えます。

1976年（昭和51年）私は高校生となり、串カツ屋の面接へ行き、3～4日バイトを続けた

著者の代わりに色々なバイトに行ってくれる愉快な仲間たち

あと、「1日休ませて欲しいのですが、その代わり友だちをバイトに入れますから」と店長に言いました。

「かまへんよ。休んでも代わりを入れようとするのはキミが初めてや」と逆に褒められました。

そこで副団長だったこともあり、応援団の新入生をバイトに入れます。

それが1週間に2回、3回と友だちや新入生が代わりに店に出るようになり、私は別の喫茶店のウェイターやスナックのカラオケ係など飲み屋でバイトができて、バイト代が3ヶ所多い時は5ヶ所から入るようになります。今考えると人材派遣ですね。

後輩には、「人前に出て接客することで、人間力が備わり部活にも役立つ。そのための勉強をしていると思えば、授業料なしで勉強できる。こんないいことはない」と無茶苦茶な理屈を押し付けて、入ったバイト代のほとんどを独り占めしていました。応援団の後輩にはバイト代が入ると、そのあとには食事やカラオケ、ボーリングに連れて行ったりしたので、決して恨まれることはありませんでした。

こうして短期間でバイクも買って、やんちゃ仕様にバイクを改造するお金も入り、当時のヤンキー風のオシャレもできました。

お金が入ってくると、今度は女の子にモテたいとなる訳です。

いちいちナンパして引っかけるのは時間がかかって面倒くさい。向こうから声がかかるくらいの男にならないとダメだと、それも中途半端じゃなくギンギラギンに目立つ格好をする。そうすると目立ちたがり屋好きの赤毛、茶髪の女の子が勝手に寄って来るんですよ。自分としては選ぶだけだからガールハントに無駄な時間がかからなくて済むんです。

中学生~高校生の頃から、「人とは違った変わった自分」をいつも演出することに努力していたんです。それも並の努力ではなくて、人が呆れるくらい、とことん徹底したものでした。

著者14歳　応援団の新入生時代

だから、バイトも手広く事業をするかのような勢いで徹底的にやりました。

1977年（昭和52年）私が高校2年生になる頃には、バイトの人材派遣とは別に「バイクの改造販売」「バイク仲間の事故の示談屋」「たこ焼きの露天商」「アルバイト斡旋のピンハネ業」等々…。今は詳しくは話しづらい、昭和の時代だからできたバイトもありますが、すでに個人事業主としての片鱗が顔を出していたのだと我ながら思います。

しかし、自分で言うのもなんですが、質のいい不良だったように思います。

当時は校内暴力が社会問題化していて、先生を殴ったり学校の窓ガラスを割ったりというのがあったけれど、そんな不良は私はしなかった。ですから、「先生や親に叱られないようにするには、どうしたらいいかな」といつも考えていました。

学校へもサボったとしても基本的に休みはしません。気が弱いために、チンピラみたいな不良や悪になり切れないところがあったんです。それは、いつも第三者的な目で人や自分を見ていたという感じです。

もう一つは、負けず嫌いというのも強かった。

例えば、学生時代だったら自分よりいいバイクを乗っているヤツがいたら腹が立つし、速く走れるバイクに乗っているヤツにも腹が立つ。

1979年（昭和54年）18歳になってからは、隣にベンツが停まると乗っている人の風体を見ます。単なるボンボンであれば問題外。事業家タイプだったら、「何のお仕事されているんですか？」って聞いていました。

それで後から、「なんでこの人はこんないい車に乗れんや。ボクも乗れるはずや」と自己暗示をかけて、燃えるように自分を高揚させて、とにかく上を目指すよう努力しました。

自分より先を行くことは許さん！　そのために、もっともっと早くオシャレでモテる金持ちを目指しビッグになってやるんだ！　いつもそう思っていました。

それと同じく、暗くてダサい人を見ると「こうなりたくない」という目標が、それ以降の仕事に繋がったのだと思います。「ああなりたくない、こうなりたくない」という、変にそこで決断したような思いが強くなっていき、アホな自分自身を納得しながらも、なぜか人間ウォッチングが大好きで物事を裏から透かして見ることのできる「特殊な能力」を持っていることに気がつき始めたのです。

その特殊な記憶力「ビデオを見ているような鮮明な映像を見続けることができる」のは、金儲けがしたいという欲求だけではありません。

常に興味を持ったことに対して、新しいことに積極的に取り組み挑戦するスピリットと、なんでも自分でやってみないと気が済まない性格。これが、私の特殊なオーラパワーの根源だったのかもしれません。

やんちゃ過ぎて高校退学が人生の転機

1976年（昭和51年）頃の私はとにかく明るい、とにかく目立ちたがり屋の少年時代が、良くも悪くも今の私という人間をつくったように思います。

不思議なもので、お金持ちになりたい、モテたい、目立ちたいという小さなキッカケから、いつの間にか自然と仲間たちのリーダー格となっていたのです。

いっぽうで、1977年（昭和52年）3月に、神戸市立神戸工業高等学校の2年の3学期末に落第を告げられました。

と同時に、なんと学校から退学させられたのです。

学校が好きだし、楽しかったから、

「教頭先生、留年してでも2年生として頑張ります」

と言ったら、学校側から「後輩のみんながお前を慕いすぎるから、お前がいるとワルの軍団にしかならない。他の生徒のために更生するつもりで学校を辞めろ」という訳の分からない理由を突きつけられ、退学させられました。

あまりにやんちゃが過ぎて、不良の中心的存在と見な

著者15歳　応援団の副団長時代

されたようです。本人は不良になろうなどという気持ちは微塵もありませんでした。

「面白いことはすべてやる！」と考えていた16歳になったばかりの高校2年生の私にとっては、遊ぶ友だちがいなくなるので退学は相当ショックな出来事でしたが、成績も悪く、元々からアホな私は後悔はあまりしませんでした。

しかし、そのことが結果的に、私を成り上がり人生へ向かわせてくれたキッカケになったのですから。人生って面白いですね。


1977年（昭和52年）16歳になったばかりの私は高校退学後、毎日求人案内雑誌をめくっては、給料のいい会社を探し歩きました。

まずは、遊ぶお金が欲しかった。

何十社と会社を回り面接を受けるものの、ことごとく不採用。

高校2年で中退、当時16歳で年齢も足りない、当然学歴もない、経験もない、コネもないのナイナイづくし。こ

著者15歳　真っ白なスーツで大人ぶる

れでは、道端に転がっている石っころと同じじゃないか!?　自分の存在の小ささをまざまざと思い知らされました。社会の厳しさを知り、大きな挫折感を初めて味わうのです。

しかし悪戦苦闘の末、ようやく1社、18歳と偽《いつわ》り家庭医療機器の販売会社に就職が決まりました。それも面接はこんな感じでした。その社長が、

「ここに黒いもんと、白いもんがある。これは白や、と黒いもんを指してワシが言うたとしたら、これは何色や？」

と聞いたので、即座に、

「社長が白と言ったら、私は白だと思います」

と明るく答えたのが気に入られて、「よし、面白いから採用しとこう」となったのです。

その社長は、「これで白いカッターシャツを買って、キチンと赤いネクタイをした服装で明日から出社しなさい」と言ってくれました。

それから2日ほど磁石の腹巻や電気治療器の研修を受けて、3日目には営業所の宣伝会場に出たのですが、これが変わった仕事だったのです。

公民館に、おじいちゃん、おばあちゃんが100人ほど集まっている。そこに鍋やら釜やらお菓子をいっぱい持ち込んで、お客さんに配り集客してそれを景品にして、インストラクター（説明員）が磁石の腹巻とか電気治療器を売っているのです。

医療器具を売るために、「モノをあげる」と言って人を集めて説明しているのです。それが漫才を見ているように話術が面白くて、みんなキャーキャー笑って、まるで吉本のなんばグランド花月かなんかの演芸場のノリで医療器が売れるんです。

私はズバ抜けて明るく、もともとおしゃべりが好きだったので、「おもしろい会社やな、俺に向いているかもしれない」と興味を持って、仕事の内容をじっくり観察しながら勉強しました。

私は宣伝会場内での景品や商品配りで、お客さんへお土産を配る仕事だったんです。

ある日、社長に呼ばれて、

「お前、儲けたいって言ってたな」と言われ、

「でも、今みたいに景品や医療器を配ったり運んだりしていたのでは、たかが知れてる。ああやって、お客さんの前で楽しくしゃべればゼニになる。どうや、できるか?」

自信はありました。

著者15歳　応援団として誰よりも大きな声が甲子園球場全体に轟いた

「できます」

今のメンバーの誰よりも、面白く人を魅きつける話ができる。学生時代に応援団の副団長として、甲子園球場で一塁側から三塁側へ応援歌が届く大きな声で2万人の中でも恥ずかしくない性格と、目立ちたがり屋として培った才能が、今まさに開花しようとしていたのでした。

それからは販売マニュアルをひたすら暗記。さらに、お客さんとなるおじいちゃん、おばあちゃんたちはすでにお笑いに対して耳が肥えていたので生半可にはウケないと。それこそ吉本の養成所なみに何日もかけてレッスンまたレッスンの日々でした。

道を歩きながら、知らない人に向かっていきなりしゃべるという「実習」もしました。相手はビックリしますが、話が面白いと笑ってくれます。関西のノリでいけた部分もあったと思います。この笑わせるツボを習得したところで、社長の前でやってみたんです。

結果は大成功となりお墨付きをもらったところで、1977年（昭和52年）6月23日が私の宣伝販売興行デ

著者16歳　宣伝販売のインストラクターで成績トップに

ビューです。

たちまちお年寄りのアイドルとなってしまいました。

大衆演芸の投げ銭の世界と、ノリはまったく同じなんです。「ケンちゃん、ケンちゃん」と可愛がられるインストラクター（説明員）として売りに売りまくりました。

しかし、自分は若いぶん経験が浅い。

だから、商品を売る説得力についてはベテラン社員には到底かなわない。では何をしたかというと、若さいっぱいに一生懸命さを売る方法を取ったのです。

「あの子、まだ18歳（本当は16歳）くらいなのに、一生懸命頑張ってる」と思ってくれるくらい自分を捨てて暴走族のネタをしたんです。

「おじいちゃん、おばあちゃん、僕は暴走族出身でスピード狂。オートバイで２００キロなんて平気で飛ばしますねん。２００キロ近くなるとスピードが上がりすぎて、あーっと言う間に極楽と地獄の入口に近づいてしまう。でも気をつけてくださいよ。僕の友達なんか、極楽と地獄見たさにスピード出しすぎて、入口に突っ込んだまま、それっきり。よっぽど住み心地がいいのか、いくら呼んでもいまだに帰ってきませんねん」

このネタはずいぶんウケました。

だから、私は先輩たちより商品販売の説得力はなくても、自分の方がよく売れたので副店長になれたのです。

商品やおみやげの受注、発注についても全部自分でやらなければならず、この時に流通の勉強もみっちりしました。やり甲斐を十分見出しました。「これくらい売れる」と言う販売予測と計画で商品を仕入れなくてはいけませんし、お客様の喜ぶお土産も考えなくてなりません。

いくら「ケンちゃんはうちの孫みたいに可愛いから買ってあげる」と言われても、そのお客様の役に立つものでなければ、それこそドブにお金を捨てさせるのと同じになってしまいます。

そんな姿勢が功を奏してか、入社6カ月目の営業成績で約60人の中でトップ・インストラクター（説明員）になってしまったのです。

やり甲斐を感じたもうひとつの理由は、そこの社長が私のようなやんちゃ坊主の話をよく聞いてくれたことです。

「社長、これはこうこうですから、あんなことはしてはあきません」「こんなお土産ではお客さんは喜びません」「こんな方法考えたんですけど、どうでしょうか？」といった

著者16歳の初めて購入したバイク

プランをよく聞いてくれたんです。

今でも物事を実行する時は必ず、「〇〇さん、これについてどう思う？」と相談して、優秀な幹部や部下の意見を聞くための時間を大切にしています。それは、この時の経験がそうさせているのかもしれません。

私が会場で宣伝販売興行のインストラクターとしての仕事を休めば売上が落ちるので、社長はなかなか休ませてくれない。

実は内緒にしていたのですが、この時はまだ暴走族との二足のわらじ状態だったのです。どうしてもバイクを走らせたくてしょうがない年頃でした。

それで、2年目を迎えた18歳の誕生日に辞表を出して辞めてしまったのです。

晴れて車の運転免許を取って、思い切り車を走らせたかった、ただそれだけの理由で…病気ですね。

会社の仕事内容や社長は大好きでしたし、話術や物を売るノウハウを学ばせてくれたことには

著者17歳の時のバイク

感謝しかありませんでしたが、再び暴走族グループに戻ってしまったんです。あの頃は、本当に若さ全開のアホだったとしか言いようがないのですが…。

せっかくセールスで貯めたお金で、究極の改造車を作って神戸や大阪の街を走りまくっている私を見て、両親が「せっかく更生して真面目に働いてくれていると喜んでいたのに」と嘆いていたのをよく憶えています。これだと決めたことには「人生一回限りだから何でもする」の好奇心から、とことん積極的に集中する性分なのだから仕方ありません。

暴走族をやりながら次に見つけた仕事は、布団の訪問セールスでした。

これも給料がいいということと、夜の暴走族の生活に支障をきたさないという理由から決めました。

暴走族は週末は寝ないで一晩中走り回るので、朝はなかなか起きれない。そこで、販売ノルマさえこなせば出勤時間は自由というこのセールスが私のライフスタイルにぴったりだったのです。

前の会社で身につけた、モノを売るということにかけては自信が最初からありました。入社したその日から2日間の講習を受けて、地方へワンボックスカーでセールス活動に出たのです。

医療機器セールス時代に、東洋医学と健康について専門のレクチャーを受けて、いろいろと勉強していたので、布団のセールスポイントは「健康」一本に絞って、飛び込み訪問で売って回りました。

布団の訪問セールスでは、いかに「楽して稼ぐ」を目標として、いかに効率良くブルース・リーのように「一撃必殺」で販売結果を出すかを考えて、そんな営業スタイルを確立したものです。

というのも、訪問販売ですからセールスマンは苦労をしながら真面目に毎日100軒、200軒と足を棒にしながら回っている。話を聞いてくれる家はそのうちせいぜい2~5軒なのに、私はそれをしなかった。相手が話を聞いてくれなかったら、それですべてが失敗なんです。100軒回って相手に話を聞いてもらえなければ布団は1枚も売れない。

私は、こうしたセールスマンの行きたがらない家ばかり探して歩きました。「入口が入り組んで入りにくい家」とか、「犬がいる家」はないか、「大きい家で飛び込み営業がしにくい家」などを絞り込んで回りました。

ここだと思った家には1日に3回、5回と何度も行きました。1回話ができると成約まで話し込まないと、次の家に訪問するための移動で時間ロスにもなり疲れますから。剣法と一緒で、一瞬のチャンスに最大の努力を払う。仕事は1日に1回か2回訪れるチャンスに、明るく最大限の知識と販売能力を高めて積極的な活動を1日に2回頑張ればいいのです。もちろん日頃から、自分の販売が成功するイメージと「私は、必ず今日も売れる」と自己暗示をかけて、お客様に好感を持たれるための能力アップを「楽して稼ぐ」ために一所懸命に訓練していた訳です。

欠けていたセールスの本質

いつも、どうすれば最短距離で成果が上がるか、それを考えるたびに、時計が1分を1秒で回るようにクルクル回り知恵が働く不思議な能力が私にはありました。加えて、持ち前の積極精神とバイタリティーが発揮できてしまい、あれよあれよという間に、業界からも一目置かれるトップセールスマンになっていました。

しばらくして、あまりに楽に稼げる布団のセールスでしたが、さらに楽ができて給料がいいからという動機で会社を辞め、1980年（昭和55年）私が19歳の時に、不動産会社への就職が決まりました。

それまで勤めて来た会社では、どこもトップの営業成績で誰にも負けることはありませんでしたし、モノを売

著者が18歳の時の愛車「ハコスカ」

るノウハウも持っていたため、正直なめてかかっていました。

しかし、ここで初めて「ライバル」が出現したのです。

この会社に私より20歳も年上で、ものすごく仕事のできる幹部社員がいました。

一見すると明るい訳でもなく、どちらかというとダサい、とてもトップセールスをするようなイメージではないのですが、とにかく抜群の腕を持っていました。彼は、いかにしてお客様を納得させるかという話術に長けていて、よく勉強していたんです。

当然、初めて現れたライバルを意識せずにはいられません。

私はアホで負けん気な性分ですから、「なぜアイツに負けるのか！」と本気で不動産営業の勉強をして、話術の特訓と、寝食を忘れて必死の日々を過ごしました。

彼の仕事ぶりをつぶさに観察してみました。

そうすると、彼は基本に忠実に話を進めるので、話の内容がとてもまとまっていて趣旨がよく

著者が19歳の時の愛車「ケンメリ」

わかる。それにお客様に好かれるような誠実さを自分自身で開発して持っているのです。

そして、ある重要なことに気づいたのです。私は、それまで商品をなんとかして売ろう売ろう、営業マンで一番になって稼いでやろうという考えばかりでセールスをしていました。「お客様の立場になって、寄り添いながら商品を提案して売る」ということなど、まったく考えていなかったのです。その人の気持ちを十分理解して、この商品を買っていただければ、その人の人生にこんなプラスが待っていますという付加価値の提案です。「買ってよかった」と思ってもらえる、心のこもったセールスが私には決定的に欠けていました。

セールスの本質に気づかされた思いでした。

これに気がついたら、売上も伸びてきました。お客様にも「いい物件を提案してくれて有難う」と言われ、永いお付き合いのできる関係にもなってくれました。この研究と努力の結果、ついに会社のトップの成績を残して表彰されたのです。

暴走族をする時に乗っていた、派手なシャコタン改造車を使ってセールスに回っていましたから、かなり目立ちますし、お客様はみんな驚きますが、

「外見と中身は違うね。キミのようにお客さんの立場に立って物件を探してくれる子はいない」とこう来るわけです。

会社の中からも「暴走族の兄ちゃんやけど、仕事は超一流。この差は何だ?」と首を傾げられ

ました。私は心の中で笑いながら、「その差は明るさと好感を持ってもらう努力です」とつぶやいたのでした。

なにか、大きく風向きが変わった気がしました。やんちゃが、初めて確かな手応えを感じたのです。

ひと月に平均収入80万円以上は稼いでいましたから、よく親からずいぶん貯めたんだろう？と聞かれましたが、これがゼロだったんです。

稼ぎのすべてを遊び、ファッション、車につぎ込みその金額は異常なほどでした。

どうして貯蓄ができなかったかというと、「お金は使ってナンボ」という考えがあったから。それですぐ使う。お金がなくなるので、また一生懸命働く。

私は自己満足のために湯水のようにお金を使いました。結果的に、それは私の大きな自己投資になりました。その後の私に、使ったお金の何倍もの効果を与えてくれたのです。

自己投資は、必ずしもお金を掛けることだけではありません。日経新聞を読んだり、いろいろな武将や経営者の本を読むことも、自分への投資の一つです。時間や労力をかけて、良くも悪くもいろいろな「経験」をして、スキルや知識を身につけたり、自分の可能性を広げたりすることも自分自身を成長させる自己投資の一つです。その方が将来必ず役に立ちます。私の場合はやり過ぎですが、だからこそ今の私があると思っています。この考え方は今も変わりません。これからも楽しみながら積極一貫で自己投資をやっていきます。

21歳で、毎月数百万円を稼ぐ！

1983年（昭和58年）私が21歳となった頃、不動産業界では自分の名はすでに売れていたので、あちこちの不動産会社から引き合いはありました。しかし、知り合いに採用されるより、将来を考えたら、新しい会社でゼロからのスタートで自分を試す方が能力アップに繋がるはずだ、と自分の足で就職先を探すことに決めたのです。

以前の不動産会社と同じエリアを開発販売している会社があり、「その地域なら経験と知識もある」と思って電話すると、「うちは募集していません」とそっけない。

こういった業界で経験者を断ることはまずないので、変わった不動産屋だなと思いました。

そこで、ピーンと来たんです。

「ひょっとしたら儲かっている会社なのでは？」

すでにプロの人材がたくさんいて、経験者といえども未知数の人間は必要としていないのだろうと考えました。

「面接だけでも受けさせてください」と言ったのですが、断られました。しかし、積極精神の塊のような私は、ダメもとでその会社を訪問したのです。

そこの部長さんに会うことができ、自分を知ってもらうために経験と実績を含めて2時間にわたりセールス論を話したところ、「よし、力あるな」ということで社長に会わせてもらうことになったのです。

社長は開口一番、

「私は口ばっかりの人間は嫌いだ。それにうちは給料がない。フルコミッションです」

給料がない会社というのは初めて聞く話だから、私はビックリしました。

「ノルマ制ですか?」

「いやノルマ制でもない。自分で売ったら、売った3%がキミの報酬だ」

もし売れなかったら固定給はゼロで、交通費や車の維持、保険、家賃、食費やオシャレをする

著者が20歳の時の愛車「ニューローレル」

費用など赤字で同棲生活をエンジョイできない。

それでも私の可能性を見抜いたのか、テストをしてもらえるチャンスをくれました。

新聞の折り込みチラシによる集客により、現地販売に週末は、お客様が平均20人〜40人と無料現地見学会に来られる。営業マンは8人。あみだくじで1番、2番、3番と順番を決めておいて、その気がある客との商談交渉権を得る。

「キミは最後の9番目や。しかも、他の営業マンは週末は3回交渉のチャンスがあるが、キミには1回しか与えない」

その1回のチャンスで合否を決めると言って、社長は私を試したのです。

それを聞いて、私はゲーム感覚で面白そうだとは考えましたが、やはりさすがの私も心細くなりました。これまでのプライドが吹っ飛んだ思いです。

しかし、自信過剰でやってきた男です。自分の能力を試すにはこれ以上の舞台はないのだと、その会社で勝負する決心がつきました。

1983年（昭和58年）私が21歳の時に、入社テストは一発で合格でした。

とにかく明るい私は、医療機器販売でおじいちゃん、おばあちゃん相手の話術、布団セールスで体得した能力アップ、不動産業界での経験・知識、この3つをうまく組み立て相手と交渉すれば必ず勝てる。そうした信念がテストを成功させてくれたのです。

「よし、来月からは普通の営業マンと同じ条件で販売交渉させてあげる」と、社長から告げられました。

それから翌月はダントツのトップ、その翌月もトップ。

先に述べたとおり、この会社はフルコミッションの営業です。つまり、基本給は一切なく、営業成果に応じて報酬を得る完全歩合制の世界。

不動産の分譲販売は土日が勝負ですから、1週間のうち2日間に全力投球します。一区画の分譲総額は60坪が500万円くらいの低額物件からの販売で、1カ所の分譲地での売り出し期間は平均3ヶ月間ですから、1ヶ月で8日間が決戦場となります。

1日平均600万円、それに週末の8日を掛けて4800万円。これがこの会社でのひと月の私の平均売上額の数字です。

その3％ですから、144万円が21歳となった私の収入となりました。

たちまちトップ営業マンとなり、個人事業主となった私は、最低でも毎月数百万の収入を得るのが当たり前でした。当時人気のアメ車「カマロ」に乗り、夜の街へ出掛けては、高級レストラ

著者が21歳の時の愛車　アメ車「カマロ」

ンで食事をして、ディスコやラウンジ・クラブなどでシャンパンを抜き、この頃は随分と派手にやんちゃの限りを尽くしたものでした。

しかし、そんなバブリーな生活も長くは続きませんでした。

そうこうしているうちに、世の中では全国のマンション物件が値下がりを始めたのです。

不動産業界も段々と熱が冷めていく時代に突入します。会社の業績も段々悪化を辿って行きました。

いったん景気が悪くなると、会社は空中分解に近い形となりました。

部長クラスはさっさと退職してしまい、ますます断末魔に近い状態です。事務員の給料さえも支払えなくなり、いよいよ組織としてやっていけなくなりました。

がっくり肩を落とす社長に、営業マンの幹部で唯一残った私は「退職金代わりに休眠中の不動産企画の会社がありますよね。あれを私にください。必ず大きくしてみせますから」と、

１９８４年（昭和59年）に閉鎖している関連会社の権利を譲り受け、六畳一間の事務所を借りて、４人の社員を引き取り、23歳で休眠会社からのスタートで起業です。

私の経営者人生の始まり

この時23歳。私の経営者人生の始まりです。事業家として、成り上がりの出発点でした。自分の会社で部下を育てていく責任の重みを感じながら、アホな私でも、ナポレオン・ヒルの成功哲学やランチェスター戦略など、お金に繋がることなら不思議なもので、なんでも貪欲に勉強しました。学生時代はちっとも勉強していなかったのに。

それは、事業に明らかな手応えを感じたからでした

親会社の社長を助けるためにも、朝8時から夜の12時までがむしゃらに働きました。

ガソリン経費節約のため、好きな外車に乗るのも我慢して軽四カーで走り回った成果もあり、業績も伸びてなんとか軌道に乗り始めました。そして、親会社の在庫不動産の販売により、倒産しかけていた親会社を助けることもできました。自他ともに認めるトップセールスマンの私が生み出すアイデアや企画は、日を追うごとに売上を上げていったのです。１９８５年（昭和60年）に私が24歳の時に不動産会社の社長には若すぎるため、前述した忠一叔父さんに社長になってもらい新会社も設立しました。この会社が後に「まちづくり」会社へ成長することになります。

道端に転がっている、ただの石っころだった明るいアホの私が、28歳の若さで100億円企業グループをつくり、1990年（平成2年）29歳の私の著書『ボクはやんちゃな成り上がり』シリーズⅠ・Ⅱ・Ⅲ・Ⅳがベストセラーになってしまったのです。その時のベストセラー1位が石原慎太郎さんの『それでもNOと言える日本』で、私の本が6位でした（日本経済新聞、平成2年6月3日付朝刊〈ベストセラー紹介〉より）。

そして30代には成功経営者として、「青年実業家」「2時のワイドショー」や「豪邸訪問」「日本の社長」「ウェイクアップ」「そこが知りたい」そして、毎週日曜日の午前11時30分から正午までラジオ大阪で「やんちゃトーク」というラジオ番組でパーソナリティを2年間もしていました。また、MBSの全国放送で「日本住宅王座決定戦」という1時間半のスペシャル番組にも出演。その他テレビなどのマスメディアにもたくさん取り上げられ、多くの本を出版させていただきました。

そうして話題の人となった以降も、日本テレビ「スーパーテレビ情報最前線」（1992年2月14日）、よみうりテレビ「坂東英二のズバリ直球勝負」（1993年12月9日）な

著書『ボクはやんちゃな成り上がり』シリーズはベストセラーとなった

どの出演依頼があり、まるで人気タレントのようでした。

しかし、突然、「まさかの坂」がやってきます。信じられない自然の猛威に襲われたのです。ＭＢＳ赤井英和の「なにわともあれ」（１９９５年１月３日）に「成り上がりの神様」として出演した、その２週間後の１月17日の出来事です。阪神・淡路大地震が発生し、大被害に見舞われました。

まさかの不運です。僅か１日で、47億円もの莫大な損害が出て、会社は天国から地獄へ真っ逆さまに落ちました。その被災した２ヶ月後に、テレビ朝日「日本のお金持ちの大失敗」（１９９５年３月26日）のテレビ出演をしましたが、それは例外で阪神・淡路大震災以降は、一切のメディア出演を控えるようになりました。私は、人生の岐路に立った場面でも、ネガティブに考えずに、難しい方、苦労する方、みんなが反対する方をあえて選んできました。しかし、若い時に自らそのような選択をしたことは、それなりに意味があったと今だから思えます。

600メートル以上に渡り横倒しになった阪神高速道路。
阪神・淡路大震災は未曾有の都市直下型地震だった
(Photo by The Asahi Shimbun via Getty Images)

それから復活した約6年後の2001年（平成13年）〜2002年（平成14年）、40歳になってレギュラー出演した人気テレビ番組「マネーの虎」は、あらためて私の知名度を全国区に押し上げるキッカケとなりました。多くの視聴者に認知されることで、事業展開にも大きな影響を与えました。

「マネーの虎」は、出資志望者が自身の夢を込めた事業計画を、厳しい目を持つ起業家審査員にプレゼンテーションし、投資の可否を判断してもらう超人気番組。いろんなタイプの志望者を審査しましたが、私にとって特に印象深いのは、「タコライスのトレーラーショップビジネス」で投資を求めた若い志願者との出会いでした。

彼は800万円の投資を求めて情熱的にプレゼンを始めました。沖縄生まれの私にとって、タコライスは馴染み深い料理でしたし、移動販売というビジネスモデルも魅力的に思えました。というのも、トレーラーハウスをアメリカから約16年も前に、日本に持ち込んだ張本人は私だったのですから。タイヤが付いて移動する物だから、建築確認審査が要らない。車だから、4年間で初年度は40％も減価償却して節税ができる。良いアイデアだと感じました。特許を取得してオリジナルのフランチャイズ展開にも自信があったので、彼に投資したい気持ちもありました。

しかし、彼の熱意とは裏腹にどうも曖昧で説得力に欠け、どこか胡散臭《うさんくさ》さを感じずにはいられませんでした。何より彼からはオーラパワーが感じらなかった。いろいろ尋《たず》ねてみたら、任意整理中で破産寸前であることも判明し、その日のうちに借金返済に使われそうな懸念が大きく、投資を断念したのです。

厳しい現実を突きつける私の言葉は、彼にとって夢を打ち砕かれたように感じたかもしれません。しかし、彼を論破したかった訳ではないのです。すでにトレーラーハウスに投資して、日本へ輸入し、ビジネスを展開してきた実績と経験を持つ人間の言葉だから、説得力はまるで違って聞こえたはずです。

現在、私がプロデュースしている日本一の琵琶湖のＪＲ湖西線の「新旭」駅から徒歩圏の「風車ニュータウン」のまちづくりでは、トレーラーハウスを導入しています。というのは、高島市の自然公園の中にある分譲地のオーナーの方々にとって、所有地を有効活用するためのアイデアだからです。トレーラーハウスは素晴らしい宿泊施設（民泊）に活用できる。投資商品にもなるし、貸別荘にもなるのです。そのメリットを押し広げていける新しい視点を持って、あらためて取り組んでいます（詳しくは、第４章をご覧ください）。

私は仕事でも勉強でも恋愛でも、必ず積極精神を持って何かをやっていて、それをバカバカしいと人に何と言われても信念を持ってやり続けるのが私のスタイルです。

時代のトレンドに貪欲なくらい関心を持って、いち早く察知するために、まだ誰も参入していない新しいビジネスチャンスあるいはニッチ（隙間）を、常に獲物を狙うライオンのように探していました。顧客ニーズの動きをいち早く理解すれば、世の中の変化に迅速に対応することができたのです。

私の好きな戦国時代の武将で、私と同じ僧侶としての二足のわらじを履く、武田信玄の名言をうまくまとめた「正範語録《せいはんごろく》」は、今私がお伝えしたい気持ちとドンピシャなので、ここで紹介しておきます。私たちが社会生活を営む上でも、事業に頑張る上でも、これほど言い当てはまる言葉はないでしょう。

「正範語録」
①実力の差は努力の差
②実績の差は責任感の差
③人格（人間・人物）の差は苦労の差
④判断力の差は情報の差
⑤一生懸命だと智恵が出る
⑥中途半端だと愚痴が出る

⑦いい加減だと言い訳が出る
⑧本気でするから大抵のことはできる
⑨本気でするから何でも面白い
⑩本気でしているから誰かが助けてくれる
（本当に私はいくらどん底に落ちても、必ず誰かに助けてもらい、今があります）

古くから伝わる①〜⑩の教訓ですが、かえって新しく感じませんか？
戦国武将が家臣たちに、模範として教えた教訓です。400年前の昔も今も、私たちの「心」の持ち様というものは、さほど大きく変わってない気がします。人生を生き抜くための知恵の結晶、現代にも生きる普遍的な言葉ですね。

私はたくさんの人たちから「なぜお金持ちになれたの？」と尋ねられます。その返答は、1980年（昭和55年）私が19歳の時に、私の人生に大きな影響を与えてくれた本「中村天風」先生の「積極精神」を読んで真面目に実践したからです、と回答しています。
つまり、天風先生の本より「心と身体を積極化せよ。そして人間が本来持っている潜在能力を引き出せ」と…。その本で教わったことを私なりに実践し続けました。私は、大失敗もしましたが「心」が豊かになり、お金持ちになれた原動力は、中村天風先生の教えで得たと思っています。そのため「中村天風財団」にも入会させていただいております。

その天風先生への感謝も込めて、約20年後の２００３年（平成15年）12月10日に、私の著書『「積極一貫」人生一回限りだからやりたいことは全部やる！』を東京・こう書房より出版しました。私なりに、現代風に、中村天風先生の明るい「積極精神」と「心」のあり方の教えを、若い人たちに知っていただきたかったのです。

先日、私が40年前に読んで感銘を受け、現在でも「座右の書」として真摯に実践している中村天風先生の本を、メジャーで大活躍している大谷翔平さんも愛読し、「座右の書」としていると聞いてびっくりしました。ぜひ、みなさんも機会があれば読んでみてください。

2001年（平成13年）より再開発工事を開始した天然温泉付「雲津台分譲地（約650区画）」（三重県津市）

第3章

土地活用の魅力に取り憑《っ》かれて
まったく「新しい事業」を発明した
大型分譲地の再開発手法「ＣＣＺプロジェクト」

荒れ果てた「休眠分譲地」はなぜ生まれたか？

土地は、利用の仕方によって、どのようにでも価値を生み出すことができる特殊な商品です。そのことに気づいたことで、私はまちづくりの魅力に取り憑かれました。

不動産業は土地を売ることだけでは、決して成り立ちません。その土地から得られる、人間にとってのかけがえのない価値を売る仕事ではないとダメだと感じたのです。

現在の私は、まちづくりの再生事業コンサルタントです。潰れかけたお店や経営不振の会社の事業再生だけではなく、私自身の再生、そしてあなたの人生の悩みに対しても、再生のヒントや勇気に繋がるような考え方を本書を通じて、本気で伝えたいのです。

私が進めているまちづくりの対象地は「休眠分譲地」です。開発後、途中で長年放置されていた大型分譲地を再開発により甦らせるのが私の仕事です。このような休眠分譲地は全国にたくさんあります。なぜ、こんなことが起きたのでしょうか？

今から50年以上前、１９７２年（昭和47年）自民党総裁選挙へ立候補を控えた田中角栄（元・

総理大臣）が、『日本列島改造論』と題するマニフェストならびに同タイトルの著書を発表しました。

この『日本列島改造論』に始まって、値上がりする土地神話ブームに日本中が沸きました。人々の目は「土地」に向けられ、「1億総不動産屋」といわれるほどの投資熱気に包まれたのです。

この土地の値上がりブームは、同時にマイホームの住宅ブームでもありました。

全国至る所で、土地が掘り起こされ整地されて、住宅用地として次々と分譲販売されました。そのブームに乗って儲けたいと飛びつくように土地を購入（投資）する人々もたくさんいました。

それから半世紀が過ぎました。日本列島あちこちに分譲地が整備され、家々が建ち並び、多くの人々が暮らすニュータウンができ上がりました。

ところが、すべてがそうではありませんでした。

今日もなお一軒も家が建たず、荒れ放題で放置されている分譲地があるのです。何らかの原因で、複雑なトラブルに巻き込まれて放置された分譲地。住宅用地として開発・整備・販売されながら、途中で工事が中断され、家を建てることができないまま放置されている分譲地。これが「休眠分譲地」なのです。このような分譲地が全国でなんと5万ヶ所もあるのです。しかも、その多くが先述した土地値上がりブームに端を発した50年前に開発・販売された土地なのです。

その原因は、市場が過熱し危険水域まで土地の価格が高騰した直後に起きた１９７４年（昭和

49年）12月のオイルショックにあります。物価も高騰し、トイレットペーパーが店舗から消える「怪奇現象」さえ起こりました。社会は一気に不況に陥り、住宅の開発販売業者は資金繰りに行き詰まり、倒産が相次いだのです。こうして、分譲販売された後のインフラ工事が完全に中断されてしまいました。

生活に欠かせない水道管さえ通らないまま、放置されることになった住宅地。購入者は住むに住めず、売るに売れず、途方に暮れるしかありませんでした。開発・販売途中で残った分譲地は、管理されることもなく荒廃して「原野」同然のまま放置されました。

では、なぜ誰も解決に乗り出すこともなく、数十年間も放置されてきたのでしょうか。

開発・販売した業者は、不況の影響でほとんど倒産したか、事業を途中で投げ出してしまったのです。地元の行政は、財政難でとても予算が回らない状況です。また、開発分譲後に施行、改正された都市計画法等の各種法規とこれら手続き上の影響もありましたが、何よりも、投資目的のために不在のままの地主の大多数が他県に住んでいるというのが最大のネックでした。

では、不動産業界は何をしていたのでしょうか。特に、80年代中頃からのバブル期には、喉から手が出るほど探し求めていたので恰好の物件であったはずです。

荒れ放題となっていた休眠分譲地

実は、大手不動産会社は、面倒で曰《いわ》く付きの大型分譲地の再開発には関心をほとんど示さなかったのです。

そして、当の被害者である休眠分譲地の土地所有者は、到底個人の力ではどうしようもなく、運が悪かったと肩を落とし、諦めている状況でした。

これこそ、私がやるべき仕事ではないか!

誰もビジネスチャンスと捉えていない休眠分譲地の再開発を、何とか私の力で再生できないものだろうか。

私の心の内に立ち現れた、この時のふつふつと沸き上がる思いは、やがてライフワークの核ともいうべき形となり現実のものになっていきました。

1982年(昭和57年)当時の私は23歳で、関西エリアでも1、2を争う不動産会社の営業マンでした。その私は、近畿一円の土地から土地へ所狭しと奔走していました。

そんなある日、神戸・六甲山方面を走っている時に、素晴らしいログハウスに偶然出会い、立ち止まりました。いつかは、こんな家に住んでみたい、と感慨深く思うとともに、自分の手でログハウスの建築会社をつくり、休眠分譲地の再開発をやってみたいという衝動に駆られたのです。

それがキッカケになり、以来まちづくりのために適した分譲地を探し続けました。そうして出会ったのが、第1章で少し紹介した「小野平分譲地（621区画）」だったのです。

私が、再生事業として最初に取り組むこととなった、兵庫県小野市の郊外に開発されたこの「小野平分譲地（現在のうぐいす台）」は、荒れ放題のまま放置されていました。1970年（昭和45年）代に開発・分譲販売されてからもう約20年も経っていましたが、たった4軒しか家が建っていないという、まさに典型的な休眠分譲地だったのです。

見捨てられた「小野平」の広大な休眠分譲地を初めて見渡した時、なんとかして再生し、そこに本来住むべき人々の生き生きとした暮らしを甦らせたい。そんなまちづくりに、自分の進むべき道、実現すべき夢を映し出しました。

放置された分譲地は荒れ放題になってしまう

そして、真っ白なキャンバスに色とりどりの人々の思いを集めながら、中村天風先生の教えから学び「積極精神」で一つ一つ着実に具体的なイメージを描き始めたのです。

これが、荒涼とした、だだっ広い土地が「お前なら、必ず住宅地として再生できる」と、天より私だけに語りかけられた瞬間でした。

私は、人々から価値がないとされ、野放しとなった土地を手掛けようとしている。しかも、この土地を再生するハッキリとしたプランがあり価値を見出している。時間はかかるだろう。けれども、必ず後からお金がついてくるはずだ。

やがて、体中の血が沸き立ち心（魂）の炎が燃え上がるのを感じました。

「これこそ、私がやるべき仕事ではないか！」

こうして私は、休眠分譲地となってしまった「小野平」を買うのではなく、5年後、10年後の将来を買おうとしていたのです。1985年（昭和60年）当時は24歳で起業したばかりで、経営は苦しい状態でした。しかし、日銭より将来に飛躍するために、この難しい仕事を選ぶと決めたのです。「時間をかけてでもみんなが幸せに繋がる結果を出したい」という強い思いがありました。

最初から勝算が必ずあった訳ではありませんが、やり遂げる自信と覚悟はありました。

仮に休眠分譲地が再生しても不動産販売など決して成り立たないと、他の大手開発不動産会社はどこも手を出さない土地です。

けれども、土地所有者は住むことも売ることもできず困っている。開発業者も地元行政もお手上げ状態。困っている人がたくさんいるということは、そこに事業ニーズがあるということです。誰も手を出せずに放っておかれたということは、ライバル会社もいない、オンリーワンのビジネスモデルを創ることができる。誰も解決できないのだから、なおさら積極精神を持ってして、私が挑戦して成し遂げてやろうという意欲に駆られました。

目の前にある荒廃した土地に目をつぶって立ち去ることは、不動産業界に携わる人間として、どうしてもできません。この土地から価値を生み出したい。

心の奥底から、天からの声？　または私自身の中のもう一人の私が叫んだのです。

「お前ならできる。積極的に挑戦しろ！」と。

住宅用地は、「まちづくりの土地」です。そこには人々が住み、やがてまちができ上がります。単に眠っていた分譲地を再生するだけではなく、その土地に「理想の都」をつくることです。健康的に暮らせて、住民どうしのコミュニティができ、日々ときめきが感じられるような「街」、安心して永住できる「街」づくりを事業の目標にすれば、夢は無限に広がっていきます。

そんな時、ある土地所有者から一つの依頼が来ました。

「小野平の土地を売却してほしい」と。同様の願望が、その他の土地所有者にもあるのだろうかとDMを送ってみると、大半の方々から売却したいとの回答が返ってきました。

1970年(昭和45年)代に分譲地が造成された時に、私設の水道管が設置されていましたが、すでに朽ち果てて使いものにはなりません。また、各区画へは電気も引かれておらず、さらに道路の名義は破産管財人・弁護士の名義になっている。これでは人々が暮らせることなど不可能です。定年後のセカンドライフを思い描き退職金で購入した人も、この土地に家を建てることができない。投資で買った人も売ることができない。つまり、住むに住めず、売るに売れないまま誰も手が出ない、時が止まり隔離されてしまったような土地なのです。

私はどんどん、いろいろ問題のある小野平にのめり込んで行きました。

現地へ度々足を運び、詳細な調査を進めていた時、「小野平自治会」の岡上会長と出会いました。自治会といっても住民は僅か4名、別荘として利用している人を含めても、

小野平の岡上自治会長の熱意に感動し固い握手を交わす

たった8名というものでした。

詳しく調べてみると、信じられない実態が明らかになってきました。生活に欠かせない「水」は、共同井戸から配水していましたが、水量や水質は不十分で、各家庭では自前の井戸を掘って飲料水を確保していることもわかりました。

私は、責任感の塊のような、この自治会長と何度も何度も膝を交え話し合いました。

「なんとかして『水』を確保して、この小野平を住みよいまちにしたい」

自治会長の熱意と、当時まだ23歳の若者だった、この私に賭ける期待を真正面から感じ、心が動きました。

そして1985年（昭和60年）、24歳となった私は小野平の分譲地再生に本格的に乗り出し、自分の手で再生事業を成功させる決意をしてすぐ、私は再開発プラン作成に取り掛かりました。そして、小野平自治会の住民の方々に集まってもらい、直接説明することにしました。

確かに、大変難しい事業でした。

私の周囲の人にも大反対されましたが、やり甲斐はものすごくあります。この事業が成功すれば、道路・上下水道などのインフラが整備されないままの土地を購入した人々の資産が復活することになります。投資した資金を回収できずに困っている方々の問題も解決します。地元の自治体も地域活性化を推進できることでしょう。

私たちが目標に向けて一歩をスタートすれば、みんながウィンウィンになれる。社会的に価値のあるまちづくり事業だと確信しました。

プロ集団と住民の力で取り組む

1985年（昭和60年）の時点で、市営水道が通っていない、道路もボコボコ穴だらけ。土地所有者のほとんどが居住しておらず、全国に散らばっていました。

621区画の各区画は、雑草がぼうぼう伸び放題で放置され、境界線もわからない。そして、排水路（U字型側溝）は土砂が溜《た》まり、植木鉢のようになっているほどひどい状況でした。

住民と別荘利用者の8名による現自治会では、とても無理な難題ばかりです。そこで私は、多数の不在地主を加えて組織力で問題を解決すべきだと考えました。そして、その組織の力で自主的にインフラ工事を実施して、住宅地としてインフラの再整備を行い、復活させようと発案したのです。「小野平自治会」から、「小野平再開発自治会」への大発展です。

土地所有者の一人一人の力だけでは力は限られています。小野平分譲地を代表する自治組織、団体として対応すれば、必ずいろいろな問題への解決の道は開けます。

この不在者地主を組織化するという発想が原点となり、私のまちづくり再生システム「CCZプロジェクト」は、様々なノウハウを積み重ねながら発展していくことになります。

現在、CCZプロジェクトを導入している各分譲地には、この不在地主によって構成された「自治管理組合」があります。そして、私が理事長としてサポートしています。

休眠分譲地を再生するためには、時間と労力、費用や行政への交渉、さらには専門的知識が必要になります。住民組織だけでそのすべてを推進することは非常に困難です。それができなかったために、休眠分譲地となった訳ですから。

そこで、私が「自治管理組合」の理事長という立場で行政交渉を引き受け、インフラの管理会社（現在のハートランド管理センター）が、インフラの維持管理と各住民自治会や自治管理組合を指導・支援し、相互に協力しながら進めていく必要がありました。土地所有者の自発的な力を結集し、私たち専門のプロ集団がサポートする共同体制であれば、どんな難題でも解決に導くことができる。この「自治管理組合方式」こそが、休眠分譲地を復活させる大きな力となったのです。

私は、この「CCZプロジェクト」を小野平の再開発以降、全国53ヶ所の休眠分譲地に導入し、「お金儲けの発明」と揶揄《やゆ》されながらも、数十年もの眠りから覚醒させ「まちづくり」を推進していくことになります。

土地所有者を一人一人訪ね歩いて

小野平分譲地の再生のために、自治管理組合方式というアイデアを思いついたものの、その実現には、かなりの苦労を強いられました。

新しい土地で新規事業を始める時、地元を威圧するようなやり方では、決して成功はありえません。

どこの馬の骨ともわからない、しかも当時の私は24歳の若輩者。

「このガキは何をしでかすのか?」

そんな目でしか見てくれないに違いない。地元に溶け込んでこそ、企業の進出は成功と呼べるはずです。ともかく、まず私がどういう人間かを知ってもらう必要がありました。

小野平分譲地は、621区画の住宅地でした。1970年(昭和45年)に投資用の住宅地として完売していましたが、オイルショック等の不況が影響して開発会社が倒産してしまい、その後、インフラが整備されないまま、約20年もの間、放置され続けました。

まず、土地所有者の一人一人に会って、私たちのCCZプランを説明しなければなりません。すでに何度も引っ越してしまい住所が不明な人、遺産相続や転売により地権者の氏名が変わってしまっている人、いろいろな事情によって土地所有者は全国に散らばってしまっていました。その人たちの連絡先を社員総出で丹念に時間をかけ情報収集し、約600名を数える地権者リストができ上がりました。

そのリストを手に、積極的に全国各地を行脚し、所有者それぞれを訪ね当たりました。「CCZプロジェクト」の意図を説明し、住宅地としては致命傷である「水がない」という問題の解決法や、私たちの夢までを丁寧に説明し続けたのでした。

やっと探し当てたのに、「そんな話、もう聞きたくもない。二度と来るな！」と玄関先で水を掛けられ追い出されたり、聞いたこともない会社の訪問に、警戒心をあらわにされて、話を聞い

土地の所有者はどこに行った？

てもらえなかったりするのが当初は関の山でした。それでも、折れかけた心に活を入れて、毎日のように遠方まで訪ね歩き続けました。

それは、気の遠くなるような作業でしたが、苦労に苦労を重ね訪問を続けた結果、大半の方々から好意的に話を聞いてもらえるようになり、賛同を得ることができました。そうした理解が大きな力となり、住民と不在者地主による「小野平再開発自治会」を立ち上げるまで漕ぎ着けたのです。

最終的に、多くの土地所有者に受け入れてもらえたのは、僅か24歳の若者が、大人たちを必死になって説得する姿に共鳴してくれたからだと思います。心を開いて人に接し、情熱を真剣に語れば、お互いに通じ合うということを学んだ体験でした。

地権者の心が一つになった

次は、賛同いただいた全国の土地所有者を一堂に集めることでした。

小野平再開発自治会が発足して半年後の1986年（昭和61年）6月、神戸国際会議場において、「第1回自治会総会」が開催されることとなりました。24歳の私はその日までに、まだ接点が持てていない方、理解を得られていない地権者を訪ね、一人でも多くの賛同を得るため、積極的に連日奔走しました。

そして総会当日、会場には総区画の70%を超える地権者に集まっていただいたのです。

私は壇上から、休眠状態となったままの小野平分譲地の再開発と再整備の意義、行政との交渉経過、計画案の全貌を丁寧に力説しました。

ところが、賛同を示して集まってくれたにも関わらず、会場中のどの参加者も半信半疑な表情を浮かべて、決して協力的な雰囲気ではありません。

すでに開始から3時間半が過ぎていました。

そこで私は、参加者に声を振りしぼって訴えました。

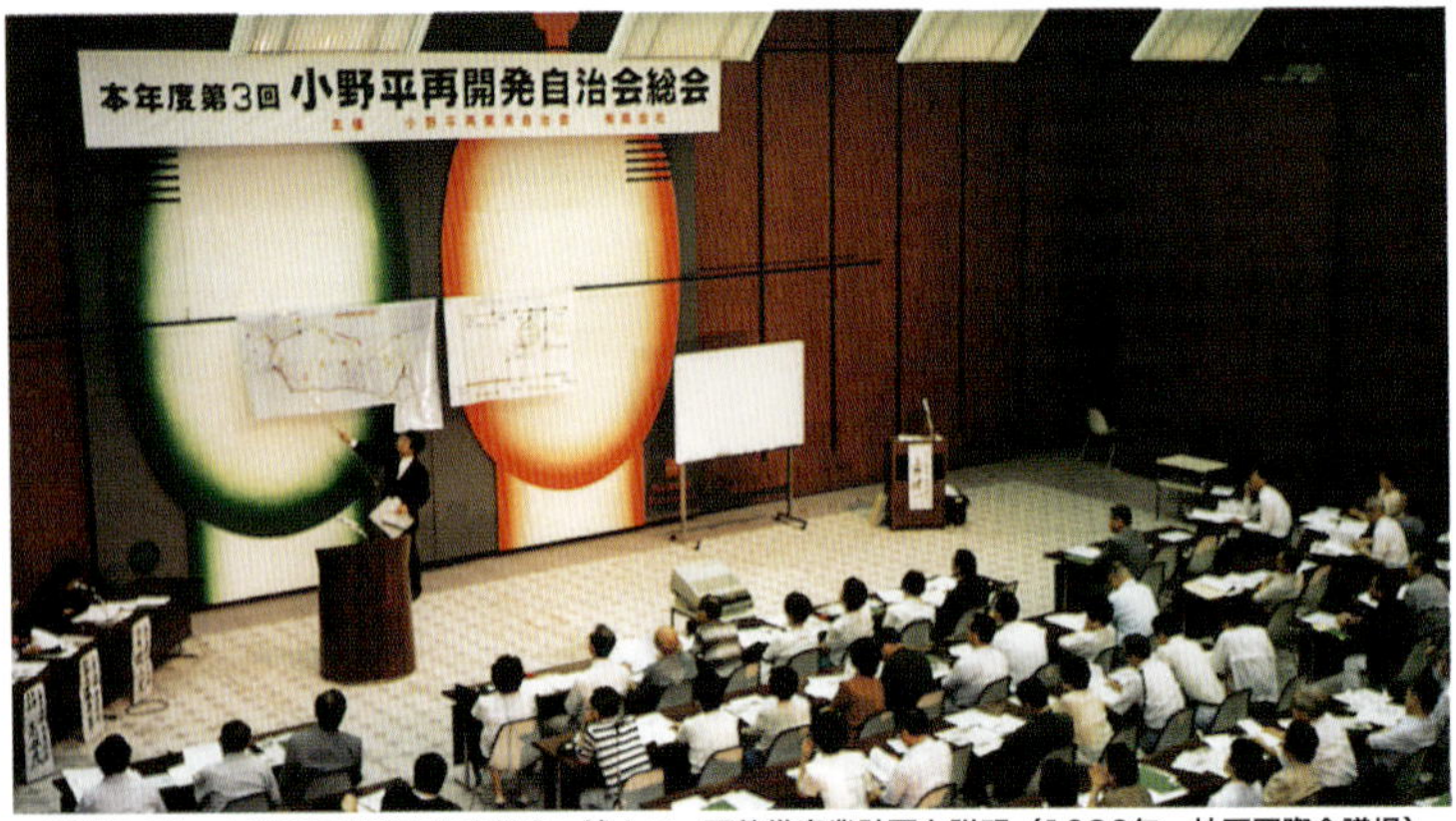

著者24歳。小野平再開発自治会総会の壇上で、再整備事業計画を説明（1986年、神戸国際会議場）

「私たちは、この小野平に家が建てられるよう、住宅地として生き返らせたいのです。そのために、私たちの若い行動力と知恵を惜しみなくお貸しします。そのかわり、皆様方には、再整備に必要な分担金と、行政との交渉に必要な力をお貸しください。そして成功した暁には、この再整備で甦った土地を宅地にして、本格的な住宅地として販売させてください」

この瞬間、割れんばかりの拍手喝采が起こり、会場一杯に響き渡りました。

そして、岡上自治会長がマイクを持ち、

「いろんな不信はあるだろうけれども、ここは信じていただき皆さん応援してください」

と熱のこもったスピーチがあり、会場の雰囲気は一気に一つにまとまったのです。

不在地主同士初めて顔を合わせたばかりなのに、すべての議題が全員賛成でまとまり、新生・小野平再開発自治会は正真正銘スタートを切りました。その後、小野市公営水道の導入やアスファルト道路の修復など自治体との折衝から、実際の再開発事業は時間もかかり難航しま

小野平分譲地（621区画）メイン道路にアスファルト舗装完了

したが、誰からも見放されていた分譲地を再生した、という難しい仕事を成し遂げた達成感と、いろいろな問題を乗り越えられた経験は貴重なものとなりました。

今思えばこの時、私は若干24歳でアホな新米経営者でした。

しかし、中村天風先生の「信念」と積極精神を実行した結果でもありました。

起業したばかりの事業は、人々に貢献するものであるべきです。社会的に価値のある事業であれば、お金には代え難い感動が得られるのだと、これほど感動したことはありません。

こうして「まちづくり再生事業」は始まった

「小野平再開発自治会」と私たちのコラボレーションによる再生事業は、本格的なインフラの工事、行政との交渉という次の段階に入りました。

休眠分譲地を再生するためにすべきことは、実に多岐に渡ります。

約6㎞にもわたる上水道管の敷設工事、アスファルト道路の修復、境界線の再測量、地方自治体との公営水道導入のための交渉等々、数え上げればキリがありません。自治会総会が終了して休む間もなく、抱えている課題別にCCZプロジェクトが一斉に動き出しました。

中でも、難しい課題は「上水道」の導入でした。

小野平分譲地が休眠状態になった原因は、生活に必要な「水」等のインフラ整備がされていないことでした。とくに、小野市公営水道が導入されていないことは致命的で、住宅地としての利用が不可能となったのです。この公営水道設備の導入は、所有している土地の資産価値の向上を含めて、小野平の住民や土地所有者にとって、最大にして最重要課題だったのです。

当時何より必要なのは、まさに命の次に大事な「水」でした。

何としてでも市営水道を導入しなくてはいけない。そうすれば、人が住める、家が建つ。立派な住宅地となり資産価値も上がるのです。

公営水道の導入は、住民と行政の協議と、受益者（原因者）負担によって設置されるのが原則です。つまり、施

「上水道」こそが再開発の決め手

設工事費のすべてを住民が負担する「受益者負担の原則」に基づき、初めて公営水道の導入が検討されることになります。

不在地主を組織化した「小野平再開発自治会」の承認を経て、各自治会員から再開発分担金を徴収させていただく仕組みができ上がりました。およそ再開発にかかる工事費用には5億2500万円。それを地権者621名で割ったら、1人あたり87万5千円の出資です。かなりの負担金額であるため、私は、「私たちをどうしても信用できなければ売ってください。私たちは買収した土地（区画）を再整備して家を建てたい方々に販売します」と宣言しました。私の真剣な訴えに、地権者の皆さんは賛同してくれました。

あとは、地元自治体にお願いし相互に協力しながら前に進み、小野平分譲地に上水道が通れば、問題を抱え放置され続けた休眠分譲地は、本来あるべきまちの姿を取り戻してくれるはず。新しいまちが再生すれば住民も増えていき、地域活性化に繋がっていくはずです。

ところが、小野市役所の水道部へ計画説明とお願いに伺った際、

下水道管の新設

私設水道施設

水道仕切弁の設置

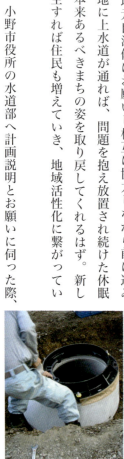

思いもしない回答が返ってきました。上水道を引く条件として、まずは下水道を小野平分譲地内に整備してほしい。今の状態で上水道を給水すると下水が出る。まずは下水道を作らなければ、上水道の導入は難しい、というものでした。

と同時に、市の同じ担当者から小野平の開発経緯に呆れてしまう事実も聞かされました。

1970年（昭和45年）小野平分譲地の開発当時、小野市からこれだけ大きな分譲地開発なのだから、市営水道を入れた方がいいのではと旧開発・販売会社へ指導したところ、不動産開発会社は「投資用の区画分譲地だから、市の水道はいりません」とハッキリ断ってきたらしいのです。そのため、小野平分譲地は「上水道給水区域外」というエリアに属すようになったのです。

それからすぐに、私は分譲地内の下水道管の敷設工事に着手し完成させましたが、またまた小野市から、「分譲地外の指定した小川まで、自治会の自費で排水管施設工事をしなさい」との新たな難題を突きつけらます。下水の原因をつくった者、つまり受益者負担の原則に従うべしとのことなのです。

小野平分譲地外の小川まで下水道管を敷設しなくてはならないという、想定外の工事費がさらに必要となりましたが、私は躊躇しませんでした。

その後も、小野市の水道部から幾つもの指導・指示が出され、その度に交渉は難航しましたが、私たちは常に自治会員の皆さんと相談しながら、苦労と知恵を出しながら工事を着々と進めました。

そんな紆余曲折《うよきょくせつ》を経て、私たちの下水道施設の完成し、小野市公営水道の導入までの「私設団地専用水道」の設置にも成功しました。

人が住むことができる、まちの基本条件がやっと満たされたのです。

時は、1989年（平成元年）となっていました。その頃から、入居者も徐々に増え始めました。インフラが整うにつれ、家を建てて移住して来る土地所有者が出てきたのです。

働き盛りに購入した人たちはすでに定年を迎えています。利殖を目的とした人も、老後を暮らす「ハッピー・リタイアメント・タウン」として見直すようになりました。

小野平分譲地のあちらこちらで、建築風景が見られるようになったのです。

分譲地に暮らす住民が増え、活気が戻って来ました。それまでの小野平再開発自治会は、不在地主による「小野平自治管理組合」となり、新たに住民による町内会「小野平住民自治会」が発

建築ラッシュとなった「小野平分譲地（621区画）」（兵庫県小野市）

足しました。つまり、自治管理組合員である土地所有者が、家を建てて住人になると自治会員に移行して、お互いにまちの再生事業に取り組む仕組みができたのです。よりグレードアップした組織体制で、市営上水道の実現を目指して活動は活性化していきました。

こうして、住民会ならびに自治管理組合員の方々と私たちが粘り強く交渉を続けた結果、晴れて市営水道の導入が現実のものとなったのです。

なかなか買い手がつかず、実質ゼロ価格だった土地が、この頃には一坪8万円～20万円前後が不動産仲介の評価額となっていました。土地が値上がりしたのではなく、やっと近隣の宅地価格と遜色ない坪単価にまで復活したのです。諦めていた土地が、「資産」として生き返ったのです。

そして、1997年（平成9年）9月27日に、小野平分譲地内の私設水道管と小野市の上水道管が結ばれる開通記念式典が行われました。式も終わりの頃、小野平の住民となった方々から名前を呼ばれた私は、なんと感謝状を手渡されたのです。感激のあまり熱

ようやく「小野平」分譲地内に市営水道が通水。記念式典での記念撮影（1997年9月27日）

いものが込み上げてきたのを昨日のことのように鮮明に覚えています。実に、再開発事業開始から私設団地専用水道で各住宅へ「水」を給水しながら、12年の歳月が経っていました。

もちろん上水道の整備以外にも、多くのプロジェクトが並行して動いていました。

道路の修復や排水路となるU字型側溝もその一つです。長年管理されず放置された道路は、舗装が剥《は》がれ、側溝や水路には土砂や枯れ葉が堆積し、完全に詰まっていました。いったん雨が降ると、道路一面が川の状態となって溢《あふ》れ出し、とても生活道路として使いものになりません。

とにかく、道路を作り直すことから着手する必要がありました。まずは、側溝に詰まった土砂を取り除き、排水路を確保しました。次に、ボコボコになった道をならし、アスファルト舗装工事です。その他にも、街灯や案内板の設置等々、とにかく20年以上も放置された分譲地ですから、何もかもすべてがゼロからのやり直しだったのです。

休眠分譲地の再開発が開始されると建築ラッシュに！

小野平分譲地のまちづくりは、これですべて終わった訳ではありません。

この地に移り住んで暮らす人々が、より快適に過ごすことができる環境整備、地域コミュニケーションの活性化、さらには地域文化の創造へ向けて、私たちの事業は進化を続けなくてはなりません。

私は、土地こそ売っていますが単なる不動産屋だとは思っていません。その土地の上にどのような家を建てて、どのように暮らせば快適な生活ができるのかを常に考え、それを本にまとめて少しでも多くの方々に提案することに力を注いでいます。これは「まちづくり事業」に欠かせない業務の一つであり、私の役割です。

2002年（平成14年）、高齢化問題が話題になった頃には、私が41歳の時の著書『老後はこんな家で暮らしたい』（2003年〈平成15年〉、こう書房）を出版して、定年退職後の暮らし方について、私なりの提案をしました。読者から大きな反響を呼び、老後の夢や不安が書かれた手紙とハガキがたくさん届きました。逆に、私が読者の方々から学ばせていただいたのです。そこから得たヒントは、まちづくり事業の方針に大きく役立ちました。

琵琶湖畔でのまちづくり

　そして、小野平分譲地において、1985年（昭和60年）から着手した「CCZプロジェクト」を改善に改善を重ねて本格的に実施・発展させたのが、滋賀県高島市・琵琶湖畔でのまちづくりです。

　日本一の湖・琵琶湖の湖畔に広がる「風車ニュータウン（919区画）」も、20年以上も見捨てられ放置された「休眠分譲地」でした。1970年（昭和45年）頃に多くの人が土地を購入し、その後放置されたままだったのです。

　この分譲地も、開発・販売した不動産会社は1976年（昭和51年）に倒産し給水もス

琵琶湖畔のまち「風車ニュータウン６期エリア（919区画）」（滋賀県高島市）

トップしていました。しかし、25軒の残った住民の方々は、風車ニュータウンを再起させたいという強い意志を持っておられました。そこで、私が理事長を務める不在者地主を組織化した「新旭自治管理組合」と一緒になって、まちづくりのための再開発・再整備事業を開始することになりました。

進化したまちづくりシステム「ＣＣＺプロジェクト」により、現在、風車ニュータウンは活気を取り戻し、新しい家屋の建築も増え、２０２４年（令和６年）６月現在では４０９軒が建ち並び、７軒が建築工事中です。これからが本当に楽しみであり、今一番力が入っている分譲地です。

そのため、私は、２０２２年（令和４年）に東京都港区から滋賀県高島市に住民票を移しました。滋賀県民、高島市民になったのです。地元民として高島市の地域活性化に貢献したいという気持ちを示したかった。新旭町に所在する「風車ニュータウン」と、これから着手する今津町に所在する「まほろば

著者39歳　新旭自治管理組合総会で説明（2001年）

の郷」のまちづくりにはそれほど熱が入っているのです。

1970年（昭和45年）代、琵琶湖畔の高島市新旭町エリアでは、7つの開発会社によって分譲地が造成されました。美しい自然と便利なアクセスが魅力的なこの場所は、瞬く間に人気を集め、919区画が販売されました。しかし、1974年（昭和49年）12月からのオイルショックによる大不況のあおりを受けて暗転、開発会社は事実上倒産します。その結果、住民へ飲料水の供給が不可能となり、債権者によって差し押さえられた私設団地専用水道施設や各区画（所有地）前の道路の通行止めなど、緊急事態が発生し様々な問題に直面することとなりました。

住民たちは、「被害者友の会」や「自治会」を設立して債権者らへ対抗します。しかし、先の「水」の問題が解決しないかぎりは、すでに販売済みの分譲地も休眠化せざるをえない運命にありました。

しかし、絶望的な状況下でも、希望の光を探し求めた住民たちは諦めませんでした。

私自身もここに土地を所有しており、新旭自治会の役員でもありました。自らも別荘を建てようとした際、同じような不都合に直面していたのです。そこで、まずは「水」を確保するために所有地内に井戸を掘りました。水量は十分なものの鉄分が多すぎて飲用には適さないことが判り、自費で浄水装置を設置して住民に水を供給し

債権者に対抗するため住民が設置した看板

ました。この行動を見ていた住民たちは、私を仲間として迎え入れます。次いで、１９９０年（平成2年）に「新旭自治管理組合」を設立し、私は住民の要請を受けて初代理事長に就任し、琵琶湖の６５４本のさくら街道（湖周道路）に面する分譲地の再生への挑戦が始まったのです。

私が最初に手掛けたのは、分譲地内の通行止めされている道路を債権者から再買収することでした。続いて、私設浄水装置と買収した道路の下へ私設水道本管施設工事にも着手します。ここで、まちづくりシステム「ＣＣＺプロジェクト」が実施されます。

資金運営には「受益者負担の原則」が貫かれました。住民自身と不在者地主が費用を負担し、道路や水道を整備していくこのシステムは、行政の支援を得るための強力な武器となり、いろいろな問題を解決するための道を切り開いて行きます。

さらに問題が生じます。１９７４年（昭和49年）当時、このエリアには自然公園法が適用されていたため、建ぺい率や容積率などの厳しい規制が存在したのです。１区画１０００㎡以上での販売が義務づけられ、さらに家屋建築に関しては、建ぺい率20%・容積率60%・高さ制限13㎡（現在10ｍ・境界から後退距離5ｍ）などが義務づけられていたのです。

しかし、当分譲地の開発は１９７０年（昭和45年）代であり、すでに各開発会社が分譲した66㎡から２００㎡の土地所有者約９１９名が存在していました。そのため、家屋の建築はおろか資産価値がなくなるといった差別的な問題も発生すること等を自治体に問題提起し、協議を重ねました。そして、相続や納税時の物納にも配慮し、新旭自治管理組合サイドで分譲地内道路・水路等を再買収することで規制をクリアすることになり、買収を実行しました。その結果、私たちが道路敷を含めた約2万2683㎡以上の土地を分譲地内で所有していることなどが考慮され、小さな所有地でも建ぺい率・容積率を遵守することで、新旭自治管理組合員は各規制が緩和され、所有地に家屋の建築が可能となったのです。

1991年（平成3年）から1999年（平成11年）年にかけて、一期・二期地区に私設団地専用水道施設を整備し、三期～六期までは新旭町（現在は高島市）の市営水道も導入されました。こうして、30年間眠り続けていた分譲地は、風車ニュータウンとして新たに生まれ変わることに成功したのです。

その後、隣接する全区画天然温泉付き宅地351区画の「和（やわらぎ）の里」の宅地を買収して、分譲地は合計1270区画に拡大し、日本一の琵琶湖の湖周道路に面する湖畔のまち「風車（かざぐるま）ニュータウン」として脚光を浴びることとなりました。風車がシンボルであるこの場所は、住民たちの強い意志とCCZプロジェクトの成功を物語る事例となったのです。

休眠分譲地内の道路

風車ニュータウンの誕生は、住民たちの自助努力と不在者地主の「新旭自治管理組合」が力を合わせ、また行政との協働によって、不可能を可能にした奇跡です。CCZプロジェクトは、全国各地の見放された分譲地に再び命を吹き込み活気を取り戻す効果的な手法であることが証明されたといえます。

このように、休眠分譲地はCCZプロジェクトにより目を覚まし、野原状態だった土地に多くの人々が住むようになりました。その意味は大きなものがあります。この経験と知恵は、私のまちづくり事業の基礎となり、仕事の奥行きをもたらせてくれました。そして、積み重ねたノウハウがさらに大きな力となり、次なる休眠分譲地の再生へと発揮されることになるのです。

再開発した分譲地の区画（土地）は順調に売れていきましたが、さらにまちづくりを進めて行くためには、暮らし方の提案をすべきだと考え、私が29歳の時に著書『驚異の健康住宅ログハウス』（1990年〈平成2年〉、イーストプレス）を出版しました。当時、ログハウスはまだ普及していない住宅でしたが、丸ごと木の家であるログハウスは究極の健康住宅です。住む人の健康に多くの効果があることを多くの人々に知っていただきたいという思いがありまし

風車が目印の「ビワイチ」で人気の湖周道路

た。この本の反響は大きく、ログハウスの建築請負契約が増え続き、１９９０年（平成2年）には、私のグループ会社の年商は１００億円を突破するに至りました。

やがて、兵庫県の小野平分譲地や琵琶湖（滋賀県高島市）の「風車ニュータウン」の成功事例は多方面で評判となり、同じような問題を抱えた各地の分譲地の自治会や不動産開発事業者らが視察に訪れたり、多くのメディアにも取り上げられました。

ＣＣＺプロジェクトによる「まちづくり」事業が全国各地で順調に進んでいた頃、私は40歳になっていました。その頃の話です。

２００１年（平成13年）12月2日に琉球朝日放送で世界的公認会計士（当時、日本公認会計士協会・会長）、中地宏先生のテレビ番組「バランスシート・沖縄の観光」に招かれ出演しました。そのご縁もあり、２００２年（平成14年）2月5日、沖縄の恩納村《おんなそん》の「希望ヶ丘ニュータウン（６９４区画）」の再開発に着手することになりました。そして、その8年後の２０１０年（平成22年）6月21日に今帰仁村《なきじんそん》の開発面積が約15万坪の「ホープヒルズニュータウン（第1期４００区画）」のＣＣＺプロジェクトに着手することになります。

沖縄県恩納村「希望ヶ丘ニュータウン」

その土地の自然の恵みを活かす再生事業構想が、社会問題を解決するニュー・ビジネスとして、

CCZプロジェクトが脚光を浴びたのです。そして、この大型分譲地のまちづくり再生プロジェクトは全国各地に急速に広がっていきました。

もとより、すべてが手作りであるため、たくさんのアイデアが必要になってきます。

私の仕事の大部分は、絶えずこのアイデアを考え、積極精神で活動することに費やされます。今可能なものは即実践し、その中から何百もの事例ノウハウが蓄積されていきます。その成果を理想の「まちづくり」に生かしながら、現在、全国53ヶ所の大型分譲地を再生するに至っております。

重要な問題は、私の夢が本当に新しい住民や従業員を含めてみんなの夢なのかどうかです。

この点は、自信があります。なぜなら、私の夢は、そもそも多くの人々が願う夢から得たものだからです。

セールスマンはお客様の欲しいものを売るのが仕事。事業家はお客様が望むものを提供できる仕組みをつくることが仕事です。つまり、「みんなの夢を実現する」ことが私の仕事のすべてなのです。

私は、社会に出てから、その考え方でやり通してきました。だから、必ず分譲地の再生『まちづくり』ができるという、自信に満ち溢れていたのです。

著者が28歳で建築した別荘

琵琶湖畔を一周する湖周道路に面する大型分譲地
「風車ニュータウン」に新型ドームハウストレーラー＆サウナトレーラー

第4章

令和版CCZプロジェクトが始動
高島市・琵琶湖畔のまちづくり
新しい財テクは、貸別荘（民泊）です

進化を続ける令和版ＣＣＺプロジェクト

まちづくりに終わりはなく、私たちは永遠に続く物語を紡いでいきます。

高島市新旭町エリアの天然温泉付「琵琶湖・風車ニュータウン」は、現在建築ラッシュで活気に溢《あふ》れています。ＣＣＺプロジェクトに着手して以来、１２７０区画の内、３９８軒の家屋が建ち並ぶまでになりましたが、これからも新築家屋が増え続けると、期待を膨らませています。その理由の一つとして、分譲地を取り巻く環境がめざましく発展していることがあげられます。

例えば、「風車ニュータウン」やこれから取り組む「今津まほろばの郷（約２０００区画）」分譲地への交通網は、２０２４年（令和６年）３月16日の北陸新幹線の福井県敦賀駅への開通、さらに大阪↓京都↓高島市↓数賀への無料の高速道路（国道１６１号線のバイパス延伸工事）計画が進んでいます。そして、高島市内の安曇川の平和堂スーパーやファミリーレストラン前の高架工事が10月の完成を目指して急ピッチで行われています。そのため、琵琶湖畔の当分譲地と、関東、北陸、近畿との往来がとても便利になってきます。

また、上場企業リゾートトラストが高島市に進出して、２０２４年（令和６年）10月に、約

330億を投じた会員制ベネチアン風ホテルがオープンします。この他、様々な企業が琵琶湖の琵琶湖の西側のJR湖西線の「新旭駅」や「近江《おうみ》今津駅」周辺の有望性に着目して進出を図っています。

こうした官民あげた巨大な先行投資が行われている琵琶湖の西側に位置する高島市は、今後の発展が約束されたエリアだと私は確信しています。

その勢いに乗って新旭町の「風車ニュータウン」や今津町の「まほろばの郷」分譲地をどう発展させていくか？私は、時代の変化を読み取り、より快適な住環境や各分譲地の活性化のためのアイデアを考え、実行していくことに尽きると考え、新しい施策を次々に実行に移しています。

私は、アイデアを考えるのが大好きで、頭の中にはいつもたくさんのアイデアが湧いていますが、これはできるというアイデアは即実行します。例えば、分譲地内に温泉掛け流しの露天風呂をつくることができたら、みんな喜んでくれるのではないか？

喜んでくれた組合員専用の露天風呂

そのアイデアが頭に浮かんだ翌日には、社員に工事計画書の作成を指示し、露天風呂の工事を開始しました。こうして、風車ニュータウン内に、みんなが楽しめる「わが家の露天風呂」が生まれました。

このようなことは日常茶飯事ですが、今私が最も力を注いでいるのが、「貸別荘」(民泊)の事業展開です。53ヶ所の分譲地で計1000棟の貸別荘を稼働させる計画で、風車ニュータウンでは2023年(令和5年)10月より本格的に取り組んでおります。

「貸別荘」にはたくさんのメリットがある

貸別荘事業に力を入れる理由は、次の通りです。

①国内外の旅行客が増えており「貸別荘」の需要が高まっている
②別荘所有者が高齢になり利用頻度が減った別荘を「貸別荘」として再活用できる
③別荘として利用しない日を「貸別荘」として運用することで建築費用を回収できる

④新しい投資対象として「貸別荘経営」が注目されている

別荘所有者や新しく宅地を購入された方々に、このようなご説明をして、貸別荘の理解を深めていただいております。

風車ニュータウンは、琵琶湖畔まで徒歩1分という絶好の場所にあり、近くにはレジャーを楽しむ場所がたくさんあります。

家族や友人との旅行、記念日や普段体験できない時間の共有など、様々なシーンで貸別荘を利用する人々が増えていくことは間違いありません。

私は、すでに南紀白浜ホープヒルズ（１６６６区画）にて、約１３０棟の新築「貸別荘」を成功させています。参加された方々は、「定年後に琵琶湖畔に住むための家を建て、一定期間を貸別荘として運営したい」「利用しなくなった別荘を貸して収益を得たい」「最初から家を新築して貸別荘経営をしたい」といった目的で夢を叶えておられます。

そして、「経験がなくても安心して任せられる」「丁寧なサポートで不安が解消された」「想像以上の収益を得られている」といった喜びの声を多数いただいております。

その経験を踏まえて、年間約３５０万人の観光客が押し寄せる高島市の風車ニュータウンでは貸別荘２００棟が可能であると判断しております。おそらく日本一の貸別荘村が誕生することになるでしょう。

貸別荘は全国各地にあり、決して目新しいものではありません。にもかかわらず、これだけ大規模な貸別荘事業が成り立つのは、別荘所有者であれば誰でも貸別荘経営ができる独自の仕組みがあるからです。

私が考案した「貸別荘運営システム」は、未経験の方でも安心して貸別荘経営を始められるよう、コンサルティングから建築工事、運営代行まで一貫して行う仕組みになっています。つまり、貸別荘のオーナー様は、何もする必要がありません。全面委託なので、別荘を利用したい時に利用し、空いている日を貸別荘として委託するだけで、賃貸収益を得ることができるのです。

都会で暮らしながら、別荘（セカンドハウス）を建てて豊かな自然も味わいたいと思うのは、誰しも同じこと。ただ経済的に難しいため諦めている人は多いと思います。

その夢を実現できるのが、この「貸別荘経営システム」の大きな特長です。その特長をご紹介します。

① 貸別荘からの毎月収入が得られる

別荘を所有して貸別荘で運用すると、毎月別荘からの収入が入ってきます。その収入で毎月のローン負担が極端に軽くなります。また、収入がローンを上回るケースも多々あり、実質的に別荘をゼロ円で手に入れることも可能です。

② 老後の収入源になる

貸別荘運用システムに参加されると貸別荘の集客、受付、掃除など運営に関するすべての業務が委託で行われるので、オーナー様は何もする必要がありません。仕事をリタイアした後も気軽に貸別荘を続けられるため、老後の収入が得られます。安心の老後の生活設計の一つとして貸別荘の経営をされる方もおられます。

③ オーナーとして楽しめる

貸別荘にすると、自分の別荘（セカンドハウス）なのに利用できないと思われるかも知れませんが、予約が入っていない時は、自由に利用できます。貸別荘として運用されているので、掃除をしなくても部屋はいつも綺麗です。防犯もしっかりしています。例え1泊でも無駄なく思う存分に別荘ライフを楽しむことができます。

大切な別荘をお預かりしている立場なので、オーナー様にご安心いただけるよう運営面においても厳しいルールを設けております。

⑴ **「分譲地内」**　管理やメンテナンス、トラブルにすぐに対応する。

⑵ **「立地」**　観光客にとってアクセスが良く、周辺環境が整備された場所を選ぶ。

⑶「設備」　清潔感のある空間、充実したアメニティ、快適な寝具などを用意する。

⑷「価格」　競合施設と比較しながら、適切な価格設定を行う。

⑸「運営」　予約管理、清掃、顧客対応などを効率的に行う。

⑹「法令遵守」　住宅宿泊事業法などの法令を遵守する。

これらの業務は、もちろん当社グループの管理会社の「民泊」専門スタッフの役割ですが、オーナー様のご協力が必要な場合は二人三脚で寄り添いながら、安心のサポートを行ってまいります。

貸別荘経営は、費用負担を回収しながら別荘（セカンドハウス）を所有できるメリットがありますが、新しい財テクとして、また相続や老後の資金不足への対策として、とても有効な方法であることがわかっていただけたと思います。

しかし、実はそれだけではありません。貸別荘経営には、もう一つ非常に大きい、意外なメリットがあるのです。

それは、万一の場合に備えた「生命保険」的な役割も期待できるということです。

家屋を建築し貸別荘をリゾートローン等で取得すると、必ず「団体信用保険」（団信）へ加入します。通常、この保険は、死亡時だけではなく重度の障害などの保障も付随しているため、一般の生命保険とさほど変わらない保障内容になっています。

そして、万が一、貸別荘のオーナー様（大家さん）が亡くなられた場合には、ローン残債分は保険（団信）によりすべて返済され、遺族の方は自動的に貸別荘を相続することになります。また、そのまま貸別荘を続ける場合は、月々の収入を遺族年金のように受け取ることができます。もちろん、売却を希望する場合は、売って現金にすることも可能ですし、ご自分の別荘として利用することもできます。

このように「貸別荘運用システム」には、いろんなメリットがあります。琵琶湖畔にある風車ニュータウンは貸別荘が運営できる理想的な条件が整っているため、私もかなり期待を抱いております。

宿泊施設の多様化を目指して

最近、トレーラーハウスが注目されています。トレーラーハウスを利用したホテルや店舗が各地に出現し話題になっています。移動可能なトレーラーハウスは、政府が災害時に避難住宅として買取るという方針も国会で協議されるほど、いろんな可能性を持っている新しい形の住居です。

私は、約30年前から移動可能な別荘としてトレーラーハウスに着目して本格的な事業化の準備をしていましたが、時期尚早と考え、タイミングを見計らっていました。ようやくその時期がきたようです。そこで、貸別荘の多様化を狙い、風車ニュータウンの「管理センター前」にてトレーラーハウスを展示し、販売を開始することにいたしました。従来型の貸別荘と同時並行の新規事業です。

トレーラーハウスを貸別荘として利用すると、従来の貸別荘とは一味違う宿泊施設ができ上がります。子ども連れの家族やカップルで宿泊すると、気持ちがウキウキしそうなレジャー感に溢れています。

このトレーラーハウスには普通の住宅では考えられない特徴があります。その特徴を活用すれば投資対象になると、複数のトレーラーハウスを同時に購入するケースもあり、経営者や個人事業主の話題になっているそうです。

トレーラーハウスならではの特徴をご紹介します。

新型のドーム・トレーラーハウス

●短期間で節税が可能

法定耐用年数が4年と短いため、例えばトレーラーハウスとサウナトレーラーを組み合わせて1000万円で購入した場合は、初年度は40％の400万円の節税となり、残り3年は均等に減価償却でき節税効果が大きくなります。初期投資を抑えながら、効率的に節税したい方におすすめです。

●低価格で始められる

690万円から販売されているトレーラーハウスは、一般的な宿泊施設に比べて初期投資費用がぐっと抑えられます。少ない資金で始められるため、民泊事業参入のハードルが低くなります。

●高い売却可能性

国内流通数が少ないトレーラーハウスは中古市場でも人気が高く、有利な売却が期待できます。将来的な転売も視野に入れた投資として魅力的です。

●自由な設置場所

自然公園法のエリアで建ぺい率が20％、容積率が60％の場合等の狭小地や建築不可の土地でも設置が可能なので、場所を選ばずに設置できます。季節に合わせて場所を変えるなど、柔軟な運用が可能です。

●災害時の活用

災害発生時には、避難所として活用できます。地域貢献にも繫がる、社会的意義のある投資といえます。地元自治体も、トレーラーハウスの役割に大きな期待を寄せています。

このようなトレーラーハウスの特徴を活かして「貸別荘」経営を行えば、さらに次のメリットが加わります。

●安定した収益

貸別荘として定期的に収益を得ることができます。家賃として固定方式と売上利益折半方式の2種類から選択でき、オーナー様のニーズに合った収益プランを選択できます。

●手間のかからない運営

集客や管理はすべて当社が行うので、オーナー様は手間をかけずに運営できます。本業に専念したい方や、遠隔地での投資を検討している方におすすめです。

●プライベート利用も可能

貸別荘として運用中でも、宿泊予約がない限りはオーナー様が自由に宿泊利用できます。セカンドハウスとしての活用も可能です。

いかがでしょうか？　このようにトレーラーハウスと貸別荘経営を組み合わせることで、節税効果と安定収益を同時に得ることができるのです。

貸別荘ブームに追い風が吹いている

コロナが収まってから、自然の中でのレジャーを求める人々が驚くほど増えています。そのニーズの大きさは、貸別荘だけではなく一人キャンプやグランピングのブームが起きているのを見ても良くわかります。

一方、急増している外国人観光客の目的を観光庁のデータで見ると、①日本の歴史・文化、②日本の自然、③日本食、がベスト3位を占めており、中でも「日本の美しい自然を見たい、体験したい」という期待を抱いて訪日する人々が増えています。そして、その目的を叶えるため、有名観光地を見た後、日本の自然を味わうために地方へと向かっているのです。

「風車ニュータウン」内に新築されたドッグラン付の貸別荘

琵琶湖畔にある高島市は、この国内外の旅行客のレジャー志向を捉えて、「観光地に必要な機能強化（特に滞在時間の延長）」及び「観光客を受入れる環境の強化」を方針に掲げ、様々な観光誘致策を進めています。

高島市の人口は約4万5000人。その小さなまちに、年間約350万人の観光客が押し寄せています。当然、宿泊施設の充実が最重要課題になります。高島市の主要方針の中で、「滞在時間の延長」が課題として取り上げられているのは、観光客の約90％が日帰り客だからです。これは当然のことです。宿泊施設が足りなければ日帰りせざるを得ません。日本一の琵琶湖の朝日や夕日を見たくても時間がありません。ここに「貸別荘」の大きな潜在需要があるのです。

私が、貸別荘に力を入れる理由がおわかりいただけたでしょうか。増え続ける旅行客に必要なのは宿泊施設です。これが足りないと、旅行客は他の地域でお金を落とすだけです。高島市の観光収入を増やすための最大課題は「宿泊施設の拡充」だと、私は考えています。

かといってホテルや旅館を増やすのは簡単ではありません。しかし、風車ニュータウンには1250区画の整備された土地があります。今すぐ宿泊施設が建てられるのです。しかも、ホテルや旅館とは違って、いろんな利用の仕方が可能なのです。

例えば、ペット同伴もOKです。一棟丸ごと借りられるので子どもが騒いでも大丈夫。とにかく自由でわがままに利用できます。一軒家ならではの特徴です。トレーラーハウスもサウナ付やテラス付など多種類あり、普通の宿泊施設では味わえないアウトドア・ライフが楽しめます。

このような貸別荘が目標の200棟完成すれば、間違いなく高島市で宿泊する旅行客は格段に増えていきます。自然志向の国内外旅行客が増え続けている、高島市がその受入れに力を入れている。まさに、追い風が吹いているのです。

まちづくりの良きパートナーを募集しています

これまで述べてきたように、風車ニュータウンは、CCZプロジェクトによるまちづくり、貸別荘による宿泊施設の拡充を推進していますが、この事業計画を進めていくためには、一緒に夢を追いかけてくれる仲間が必要だと思っています。

そこで、令和時代の第3期「CCZプロジェクト」によるまちづくりに参加していただける仲間、パートナーを募集したいということも、もう一つの今回出版した動機でもあるのです。

「まちづくりに関心がある人」
「田舎暮らしに興味がある人」
「トップセールス経験者」
「事業で失敗した人」
「ハングリー精神がある人」
「生き甲斐を見つけたい人」
「一級・二級建築士」
「建築現場監督」
「大工・左官・ユンボオペレーター」
「中古住宅のリフォーム営繕ができる人」
「小さなホテル・旅館の支配人」
「宿泊施設（貸別荘）の運営ができる人」

など、様々なバックグラウンドを持つ仲間、パートナーを募集しています。

みなさんの動機は様々あって結構です。まちづくりの対象となる分譲地は全国53ヶ所ありますが、そのうち約22ヶ所の分譲地内にある「管理センター」で、住民の方々と一緒に分譲地の発展を推進していただける方を希望しています。まちづくりのノウハウを習得して独立を目指したい方も大歓迎です。そのような情熱を持っている方には、私が可能な限りの支援をさせていただきます。

私の本音は、私が開発したCCZプロジェクトを、意欲ある人に引き継いでほしいということです。私がノウハウを教えます。それを身に付けて「まちづくり」を続けていただきたいのです。

まちづくりにゴールはありません。後継者からまた後継者へと繋いでいくことが何よりも大切なのです。

私と一緒になってまちづくりのノウハウを学んだ人たちが、全国各地で、またアジア諸国でCCZプロジェクトによるまちづくりに挑戦していく。その光景を頭に浮かべただけで、私の期待感は高まっていきます。もし実現すると、死んでも良いくらいに嬉しいと思うはずです。

「我こそは」という方には是非手を挙げてもらいたい。私たちはいつでもウェルカムです。一人で不安なら友達を連れて来てもらっても構いません。私が92歳で完全に現役引退するまでに一日でも早く、こうした大きな夢を抱く有志の皆様に出会えるよう願っています。

ただ一つ、応募していただける人たちは、高島市に一定期間は定住していただく必要があります。今の仕事で、今の環境で将来の見込みがあるかどうか。もし人生を変えたいのであれば、高島市への移住をぜひおすすめします。住めば都といいますが、住まなくても高島市は素晴らしいまちです。

多少の決断が必要とは思いますが、ご参考に私の友人の言葉を紹介いたします。

私が、サムライパートナーズの入江巨之《ひろゆき》社長から教わった「人生を好転させる3つの秘訣」です。

① 住む場所、仕事をする場所を変える
② 仕事（勤める会社）を変える
③ 会う人、食事をする人を変える

新しい人生を見つけたいのであれば、この3つを変えるのが一番です。変えなければ何も変わりません。私もまったく同感です。

ちなみに九州の長崎出身の入江巨之社長は、ネットの世界で年商数百億円のグループ企業をつくった事業家です。その発想が凄いと、大企業の社長や取締役たちが教えを請うほどの天才です。年齢は私より一回り以上も下ですが、私は「師匠」と呼んでいます。業界が違うため、教わることがとても多いからです。

もう一つ、人との出会いに関して思い出した逸話があります。

65歳でケンタッキー・フライドチキンを創業したカーネル・サンダースは、秘伝のレシピを伝授・継承していくという発想がひらめき、フランチャイズ方式展開を「発明」しました。加盟店探し懸命になるも1009社断られ、そして1010社目で第1号店を獲得しました。そして、現在世界中に展開する大企業へと発展させたのです。

これは単なる金儲けの話ではなく、カーネル・サンダース亡き後も、世界中で彼のレシピを守り、次の時代に受け継がれている点にこそ注目すべきだと思います。真の事業とは、こうあるべきです。また、第1号店の契約をした人は、きっと素晴らしい人だったに違いありません。カーネル・サンダースは、出会う必要がある時期に、出会うべき人と出会ったのです。

私もカーネル・サンダースと年齢も近くなり、同じように「この人、面白い！」と呼応してくれる後継者に巡り合いたいと思っています。まちづくりは半永久的に続いていきます。私が92歳で完全に現役引退するまでに一日でも早く、こうした未来の物語を一緒に紡いで行ってくれる志の高い人、「まちづくり」の〝共同経営者〟と出会えるよう願っています。

「引き寄せの法則」で国際的な縁が生れる

私は、いろんな人との出会いが生まれる「引き寄せの法則」が強いためか、海外の人たちとの出会いも多く、一度ご縁が繋がるとお互いにとても親しくなります。

特に、中国の人たちとは公私ともに親しくお付き合いさせていただいております。私が生まれた沖縄は、歴史的にも中国との繋がりがとても深い地域なので、それもご縁に繋がっているかもしれません。

その中でも印象深いのは、日本人の奥様と国際結婚され、親日家としても知られる中国の国会議員、潘慶林《パンチンリン》先生との出会いです。北京にある国会議員の官舎（自宅）にお招きいただき、温かいおもてなしを受けたことは忘れられない思い出です。

こうした中国との繋がりを活かし、私は「日中親善流通機構」の日本代表に就任しました。そのご縁もあってか、今私の妻ですが、中国人の心美との運命的な出会いがあり、当時独身だった私は迷わず再婚しました。そして私は二人の女の子の父親になりました。仕事でどんなに疲れても、家に帰ると妻と娘たちが笑顔で出迎えてくれます。プライベートな環境が、どれだけ大切か、そして仕事へのチャレンジ精神をどれだけ湧かせくれるかを実感しています。

それだけではありません。中国との国際交流に関心が向くようになりました。妻のお陰で新し

南紀白浜温泉のホテルにて、潘慶林先生ご夫妻と著者

い目標ができたのです。

彼女は少し天然でとても明るく、日中両国の文化交流から最先端のビジネスまで幅広くマネージメントもできる楽しい女性です。

妻の上野心美のプロフィールを少し紹介させてください。

中国遼寧省（旧満州）出身の京劇と雑技のプロ。祖父が中国雑技団創設者で、母が雑技団の元団長という雑技団一家で、3代目を受け継ぎます。

幼少より中国の伝統芸能「京劇」を学び、14歳で雑技団に入団しマジックを担当。17歳で、エリートとして才能を発揮し、狭き門として名高い中国の軍隊に2年間所属。歌やマジックなどの中国雑技団のショーを担当。20代の頃は、歌手として国営テレビに出演し活躍し、現在でもカラオケに自身の曲が入っています。

彼女は、最初の結婚と出産を機に、歌手及び雑技団を引退。日本に移住し、全国各地で「中国雑技団」のショーや「演劇」の舞台に立ち、「マジック」「京

妻・心美と二人の娘たち

劇」「変面」の舞台をサポートしながら、日本と中国の親善活動に寄与してきました。

そして現在、SNS等で中国伝統芸能を紹介する活動を準備するとともに、「日中親善流通機構」の2代目代表となり活躍しています。

私は応援団長として妻の活動を支えるつもりでしたが、私自身も妻と同じ目標ができたので、夫婦で日中間を結ぶ次のビジネスを模索している最中です。

「日本における中国文化の紹介イベント及びセミナー開催」「日本と中国の企業同士のマッチング及びコンサルティング」「日本に対する投資・事業コンサルティング」「日本における不動産（土地・建物）取得のサポート」「日本における事業創設及び販売促進のコンサルティング」「子弟の日本留学のサポート」。また、日本国内に居住している中国人のための「ホスピス住宅」や「納骨堂の事業化」などなど、頭の中に、いろんなアイデアが浮かんでいます。

東京・池袋に在日中国人・華僑の方々専用の納骨堂を建設・運

中央は、長女の優美です

営する予定です。これは、近年増加している在日中国人や華僑の方々のニーズに応えるためです。在日中国人や華僑の方々は、日本社会に貢献しながらも、独自の文化や習慣を持っています。納骨堂では、こうした文化や習慣に配慮したサービスを提供する予定です。納骨堂は、単なる遺骨を安置する場所ではなく、文化交流の場としても機能させたいと考えております。在日中国人・華僑の方々と日本人との交流を促進し、相互理解を深めるため様々な施策を実施し、また全国各地へホスピス・ナーシングホームの建設を推進していきます。

この「日中親善流通機構」設立は、習近平国家主席の夫人と設計事務所の元同僚であったという王东《ワンドン》社長との出会いが発端となりました。王社長は、徳洲会グループ創業者である徳田虎雄先生の書籍を読み感銘を受けて、人は「生命だけは平等」との理念に共感し、中国で徳洲会のような病院事業を展開したいと考え、多くの人々の命を救いたい、日本の医療技術を中国に持ち込んで、多くの人々の命を救いたいという希望がありました。

北京の人民大会堂にて。中国建国記念日（10月1日）のパーティーに
招待された沖縄県日中友好協会・国場幸一郎会長（元・国場組会長）と著者

1993年（平成4年）、私が32歳の頃、鹿児島市内の繁華街天文館そばに、ホテル「セントイン鹿児島」、クラブ、ラウンジ、ショーハウス、ハンバーグレストラン「アンフィニ」、蟹の食材販売など、多岐にわたる事業を展開しておりました。鹿児島進出の際には、仲良くさせていただいていた「西郷隆盛」が自決した城山にある名門ホテルのオーナー保《たもつ》会長にたいへんお世話になりました。鹿児島で最大級の城山観光ホテルにて、「鹿児島友情宣言」レセプションパーティーを開催し、鹿児島の各界有力者の方々に集まっていただき事業展開の報告をしたことがあります。そのご縁で全国の徳洲会病院のオーナーであり、鹿児島県に地盤を持つ衆議院議員であった徳田先生と知り合い、親交を深めていきました。

当時、徳田先生は厳しい選挙戦を戦っており、私は全国勝手連連合会の副会長との立場もあり、青年部長的に選挙活動をサポートしていました。その中で、徳田先生の各後援会での演説前に私が前座を務めたことがキッカケで、先生との信頼関係を築くことができました。そうした若い頃のご縁もあり、私は王社長の熱意にほだされ、すぐに徳田理事長との面談を東京で手配するため動きました。

徳洲会病院の関係者は反対しましたが、私の友人の日本全国に救急病院を展開している医療法人徳洲会の若宮清顧問の取り計らいで、私は、2011年（平成23年）9月7日に鎌倉の徳洲会病院にて、北京愛康医療控股有限公司の王东幹事長兼会長と徳田虎雄会長の面談を実現することができました。

面談当日、私は病院を訪ねて驚きました。徳田虎雄会長は難病で寝たきり、話すこともできず、かろうじて目が動かせて会話できるような状態でした。しかし、50音表を見ながら秘書の方に指示し、王幹事長の質問に丁寧に答えようとされていました。

そんな徳田会長の姿に私は深く感動し、「日中親善流通機構」の日本本部代表を拝命しました。そして、王幹事長は、中国で国営病院をも吸収して巨大な病院チェーンを確立して幹事長兼会長となり活躍しています。日中両国の様々な人との出会いが、引き寄せの法則あるいは空海のお導きによって自然と繋がっていきました。今振り返っても感動的な出来事だったと感じています。

人との出会いは、不思議なものであり、とても大切なものです。私は「引き寄せの法則」により、出会うべき人に出会ってきたと思います。空海のお導きだと思っています。これからもいろんな方々と出会うことになるはずですが、どのような方とご縁ができるのか、楽しみで仕方がありません。

訪日客を高島市に呼ぶためには

さて、私が市民になってまで力を注いでる高島市は、とても魅力あるまちです。その魅力を海外からやってくる訪日客にも伝えたいという思いを強く持っています。

そして、私たちの琵琶湖畔でのまちづくり再生事業ならびに貸別荘事業は、世界各国からの観光客にも愛されるよう発展していかなくてはならないと考えています。

コロナ禍になる前の日本への観光客は、政府統計によると2018年（平成30年）に3000万人を突破しました。「爆買い」という言葉が象徴する光景が、全国の観光地にとどまらず、デパートや大型ショッピングモールなど至るところで見られました。

東京オリンピックや訪日キャンペーンなど、観光の目玉として期待が高まるイベントやその他多くの観光リソースが後押しする予定でした。しかし、新型コロナの影響で一気に萎んでしまいました。その後、年間観光客はコロナ前の10分の1にまで一気に落ち込んだという状況でした。

しかし、ここへ来て、それもようやく回復傾向にあります。実際、訪日旅行者の入国受け入れが再開され、さらなる制限の緩和、円安などの影響もあり、訪日観光客数はコロナ禍前の水準に戻って来ました。2023年（令和5年）3月期だけ取り出してみても、訪日外国人の人数は181万人と、前年同月に比べて30倍近くまで急増しているのです。

各業界は、再び訪日3000万人を睨み、インバウンド市場は活発になっています。

この3000万人というのがどういう数字なのか。

日本の総人口が1億2500万人、あと数十年後には人口1億人を切るという問題と相対的に見なくてはならないのです。つまり、3000万人という数字は今後さらに重みのある意味を持つということです。

それでは、インバウンド需要の回復が鮮明となる中、こうした需要に見合った「受け入れ」態勢はどうなっているのでしょうか。すでにあるホテルだけでは圧倒的に足りないので、今後は本格的な建設ラッシュと新規オープンが続くだろうと見込んでいます。

訪日観光客を受入れる側が、最も注意しなければならないのは、「なぜ、日本を目的にして日本にやってくるのか？」という旅行目的の変化です。

コロナ前と違って、見逃せない大きな傾向があります。それは、彼らの訪日スタイルが、団体旅行から個人旅行へと変化しており、モノを買うのではなく、そこでしか得られない思い出を買う、より濃密で個人的な体験を買うという傾向です。つまり、観光旅行者の方向性は、「モノからコトへ」大きくシフトしているのです。

型にはまった観光客向けのサービスではなく、訪れた地域や場所にできるだけ溶け込みたい、できることなら現地の人と触れ合いたいというニーズが高まっています。この傾向は、最近とみに顕著になっていきます。

これまでの観光スタイルといえば、東京や京都など日本を代表する定番の人気スポットを巡り、ショッピング、日本食や日本酒などのグルメを味わうといった楽しみ方が主流でした。しかし、爆買いのような団体旅行から、より個性的で体験重視の観光スタイルが、明らかに増えているのです。人々は今、旅の楽しみ方のもっと先にある特別な観光体験を探しています。アンテナを高く張っているのです。私は、こうした旅の探求者たちが掲げるアンテナとうまく交信することが、滋賀県や高島市の観光業、宿泊業、受け入れ側にとって重要なポイントだと考えています。

高島市の魅力にはまった外国人

高島市も当然、インバウンド需要を狙っていますが、その受け皿から溢れるほどの訪日観光客がやってくるとオーバーツーリズムになり、問題が起きてしまいます。私は、その受け皿を貸別荘を増やすことで大きくしようと考えていますが、同時に、高島市ならではの受入れ方があるのではないかと考えております。

例えば、一度訪れただけで二度と来ないような観光開発ではなく、何度も訪れたいと思うような体験ができる機会の創出、そして、地元の人たちの暖かいおもてなしです。この二つが揃えば、高島市は他の有名観光地に勝てます。

一人の訪日客の例を挙げてみます。

私の友人に、インドネシア在住の貿易の仕事をしているモハマット社長がいます。彼は日本観光に魅了された「日本フリーク」で、富裕層ならではの旅のスタイルを楽しんでいます。一般的な観光地には目もくれず、リピーターでも知らないスピリチュアルな「パワースポット」や無名の「天然温泉」など、奥深い場所を訪れる彼は、まさに「旅の達人」です。

モハマット社長は、プロのカメラマンにも負けない腕前で趣味も兼ね、自慢のカメラで旅先の心に残った写真を撮るのを楽しみにしています。

その彼が日本を訪れた時、「琵琶湖を見たことがあるか？」と、高島市に案内したことがあります。

そして、モハマットさんが帰国する時、私は関西国際空港まで見送りました。別れ際に彼は、「何度も日本に来ているが、こんなに心に残る場所は初めてだった。ありがとう」と言ってくれました。

それから数ヶ月後、モハマットさんは家族を連れてやってきました。空港から高島市に直行です。「妻と子どもに私と同じ体験をさせたい」という気持ちで日本行きを決めたそうです。予定を聞くと、高島市に2週間の滞在で、他の予定はなしとのこと。

首を傾げた私に、彼は「見学するだけでは分からない魅力が高島市にはありそうだ。それを感じるためには、多分、2週間でも足りないだろう」と言いました。それ以来、私が案内した滋賀県高島市の魅力にすっかりハマってしまい、お仕事の合間を見つけては、ご家族と一緒に観光に来られています。確かに、2週間では足りなかったのでしょう。「そんなに好きなら、住めば良いのに」と思うほど、よくやってきます。

特に、お気に入りは、マキノ高原です。約2・4㎞のメタコセイヤ並木道の先には、琵琶湖畔を見下ろす美しい高原が広がっています。モハマットさんの奥様はこの並木が大好きで、子どもたちはマキノ・サニービーチでの湖水浴が大好きのようです。新緑の季節、紅葉の季節、雪が積もる季節のすべてが素敵で、気持ちが和らぐそうです。

冬になるとマキノ高原では、マキノ高原ファミリースキー場がオープンします。ここは子どもたちのお気に入りで、冬になる度に、日本に行こうよ、高島市に行こうよ、と言い出すそうです。

ちなみに、高島市には、この他に、箱館山スキー場、朽木スキー場、国境高原スノーパーク、びわ湖バレイスキー場があります。あまり知られていませんが、高島市はスキー王国なのです。

モハマットさん家族は、箱館山スキー場にも良く行きます。日本ならではの雪景色がとても良いと、ここでしか味わえない時間を堪能しています。高島市の温泉は、日帰り入浴も可能なので、アウトドアで疲れた体を労わるのにぴったり。特に癒されるといいます。

高島市の人気スポット「箱館山スキー場」

琵琶湖西岸を南北に比良山系が走っています。「今津まほろばの郷」に隣接する「箱館山スキー場」標高約680mから望むパノラマの眺めは、モハマットさんの奥様の「インスタ映え」スポットの一つです。湖岸とは一変し、壮大なスケールでどこまでも続く琵琶湖の碧い水面は、まるで宝石のように輝き、天高く広がる青空を背景に息を呑む美しさです。早速インドネシアの親戚やお友だちから「いいね」がたくさん送られてきました。「今度私も一緒に連れてって」と反響もバッチリです。

実は、マキノ高原の手前、高島市の郊外に位置する場所に、大型分譲地「今津まほろばの郷」（約2000区画）があります。CCZプロジェクトにより、2025年（令和7年）4月より着手する分譲地です。モハマットさん家族のためにも、早く再開発して、貸別荘に宿泊していただきたいと、今からウズウズしています。

さて、モハマットさんには、高島市に滞在している間、何度もやってみたいことがあります。

それは、神社やお寺などを参拝することです。高島市には、70ヶ所以上の古墳群があり、神社は34社、寺院は35寺もあります。その他、戦国時代の城跡もたくさんあります。縄文時代から現代まで続く長い歴史を、この高島市だけですべて見ることができるのです。

モハマットさんは、特に神社がとても神秘的で、何か分からないけど心が惹かれるそうです。「私の魂が不思議なパワーと共鳴する気がするのです。この静寂な空間の中に身を置く時間が、何事にも代え難く、何度でも訪れたいのです」と、僧侶でもある私に話してくれるのです。神道も、仏教も、キリスト教も、その大本にある大いなるパワーは同じです。私は、「高島でよい体験をされていますね。あなたは修行されているんですよ」と、彼が不思議がってる神秘について、説明をしてあげました。

中でも特にモハマットさんの目を奪ったのは、「白鬚《しらひげ》神社」です。

琵琶湖に浮かぶように構える白髭神社の大鳥居

年末年始にテレビでよく見る琵琶湖の中に立つ朱色の「大鳥居」が特徴的で、高さ16メートル、重さは約10トンにもなり、日本一の大きさを誇ります。その神秘的な佇《たたず》まいとともに絶景パワースポットとして人気で、国内外からも多くの参拝者が訪れます。

近江最古の大社で全国に約３００社ある白鬚神社の総本社で、約２０００年の歴史があるそうです。また、延命長寿・長生きの神様として知られています。「近江の厳島」とも呼ばれ、境内には与謝野鉄幹・晶子の歌碑や松尾芭蕉が詠んだ句碑があります。モハマットさんは、日本の異文化情緒だけではなく、高島市を訪れると自分たちのまったく知らなかった世界へタイムスリップができると興味津々なのです。

五感で味わう高島市の魅力

高島市という舞台は、琵琶湖抜きには語れません。どこまでも続く琵琶湖の絶景ロケーションは、まるで自然のテーマパーク、まさに癒しの楽園です。モハマットさんは心身ともにリフレッシュしたい時、いつも琵琶湖を思い出し何度も来たくなる場所だと絶賛してくれています。

彼らの「高島旅」は、高島市の今津からスタートするのが定番になっています。今津港が視界に入ると、神の島と呼ばれる琵琶湖のパワースポット「竹生島《ちくぶしま》」への観光クルーズ船乗り場です。遊覧船やクルーズに乗って湖上からの景色を眺め、釣りやマキノ・サニービーチで湖水浴を楽しみ爽快な汗をかいたりと、モハマットさん家族はオールシーズンで琵琶湖ならではの楽しみ方を満喫しています。

四季ごとに移り変わる高島市の景色、その美しい春には、さくら街道（湖周道路）を家族と歩く時間もお気に入りです。満開のソメイヨシノはピンク色に染まり、琵琶湖の水色と青空とが織りなすコントラストを体感できます。「風車ニュータウン」と湖畔に面した約６㎞も続く自然探索路は、バードウォッチングロードとして人気です。「ビワイチ」という琵琶湖を一周するサイクリングやペットの散歩道としても親しまれています。新旭町の湖岸を家族で歩いていると、開放感あふれる琵琶湖畔のオートキャンプ場が見えてきました。

琵琶湖畔にある「高島市新旭水鳥観察センター」は、モハマットさんの子どもたちに大人気です。広大なヨシ原や湿地帯には、数百種類もの水鳥たちが羽根を広げ悠々と飛び交い、まるで水上バレエをみているようです。なんと、高島市新旭水鳥観察センターでは、双眼鏡や望遠鏡を無料でレンタルすることができます。手ぶらで訪れても、存分に水鳥観察を楽しめるのです。

高島市には、琵琶湖の幸を使った新鮮な魚介類や、山の幸を使ったジビエなど、様々なグルメを楽しめるお店があります。琵琶湖の恵みとして、ワカサギ、アユ、コイ、フナなどの魚介類が豊富に獲れます。これらの魚介類を使った刺身、寿司、鍋料理などが人気です。高島市は山々に囲まれており、山菜、キノコ、ジビエなどの山の幸も豊富で、これらの食材を使った料理も人気です。モハマットさん家族はこうした高島市でしか出会えない自然の恵みを存分に味わっています。

美食家で知られるモハマットさんですが、何回も訪れた高島観光で初めてチャレンジしたのが、高島市の伝統的な郷土料理です。

特に鮒寿司《ふなずし》は、前々から気になって仕方ありませんでした。琵琶湖で獲れた鮒を塩漬けにして発酵させた伝統的な保存食。独特な風味と食感が特徴で、酒のつまみにも最適です。その他に、へしこ、鯖そうめん等、家族にも好評です。また、日本酒造りには欠かせない良質な水とお米の恩恵を受けている高島市だから、多くの酒蔵があり、夫婦揃って個性豊かな地酒を味わいます。

高島市内にある道の駅では、こうした郷土料理や地元の食材を使った料理を提供しているレストラン、農産物や加工品を販売しているお店があり、高島を少しでもインドネシアの友人に感じてもらうためにお土産を買って帰ることをいつも楽しみにしています。

まだ小学生の子どもたちですが、将来大きくなったら日本で働きたいと言っています。特に、貸別荘での宿泊体験で味わった高島市の居心地の良さが、たいへん気に入ったようです。

何といっても高島市は、移住・定住におすすめの場所です。今では移住しやすい環境や条件が急速に整ってきており、子育てにも最適です。移住者向けの支援制度が充実しており、移住を検討している方にとって心強い味方です。高島で暮らしたいという思い移住を決めた方々の多くが異口同音に、「旬の美味しい食材」が身近にあることに加えて、「高島の人の温かさ」に触れて、その喜びを日々実感していると話します。都市部での喧騒から離れたリモートワークやサテライトオフィスなど、柔軟な働き方がますます選びやすくなりました。家族や自分との時間を大切にしながら、充実した生活を送ることができます。高島市へ「リビング・シフト」することは、自分らしい理想の暮らし方、働き方、学び方に新しい価値を与えてくれることでしょう。


「高島旅」の途中、モハマットさんがふと立ち止まっては写真を熱心に撮っていたのが、高島市新旭町針江《はりえ》エリアです。針江には、縄文時代から続く独特の「水の文化」があります。比良山系に振った雨や雪が伏流水になって琵琶湖へと流れていますが、その綺麗な水を生活水として使っている文化です。

２０１７年（平成29年）には、高島市の「琵琶湖とその水辺景観」が日本遺産として認定されました。風車ニュータウンに隣接した「針江・霜降の水辺景観」も当然含まれています。針江エリア独特の「生活に自然水を使う暮らし方」は、２００４年（平成16年）にＮＨＫで、「里山・命めぐる水辺」として放映されました。舞台となったこの針江の美しい景色と生命の輝きに満ちた様子とともに、新旭町針江に所在する「風車ニュータウン」エリアが紹介されました。

この地域の土の下には、伏流水が網の目のようになって流れています。その水が、各家庭の庭や台所からコンコンと自噴しているのです。針江では湧き出す水のことを「生水《しょうず》」と呼んで、清らかな水を飲料や炊事といった日常生活に利用しています。この仕組みを針江エリアでは「かばた（川端）」と呼んでいます。針江地区には１１０箇所の湧き水があるそうです。

この「かばた」の仕組みを紹介したＮＨＫの番組は世界中で放映され、究極のエコ・ライフとして大きな反響を呼びました。その影響で、針江を訪れる外国人が急増し、今や観光名所になっています。

さらに、この伏流水が自噴している所が、高島市内に数カ所あります。名水として有名なため、地元の人や観光客がポリタンクに汲んでいる光景をよく見かけます。

「かばたの生水」。エコ生活だと世界的に有名になった高島市針江エリア

モハマットさんは、この水で湧かしたコーヒーや、ウイスキーの水割りを体験し、地元の方から、かばたの「水」で炊いたご飯をもてなされ、家族みんなが喜んでおかわりしたそうです。

水が良ければ健康になれる、長生きできるといわれています。その最上級の水を、高島市では毎日でも使って暮らすことができるのです。あまり知られていませんが、実は、高島市はとても凄い地域なのです。

いかがでしょうか？　モハマットさんが、高島市を目的に訪日する理由は、単なる観光とか、目新しい体験をするのではなく、実際にその場所に行って五感で体感する旅なのです。モハマットさんは、行く先々で地元の人とから心に響くおもてなしを受け、その度に感謝の気持ちが湧くと言います。これも、実際に五感で感じるからこそだと思います。

このような訪日客は、そんなにいないはずと思われるかも知れません。しかし、旅行の目的が、観光から体験へ、そして心の充足を求める方向に向かっている今、モハマットさんのような訪日客は、必ず増えていきます。３０００万人の訪日客の1％がそうであれば30万人です。

その人たちのあこがれの場所に「高島市」がなれるよう、私なりに頑張っていきたいと思います。

モハマットさんをはじめ、外国の人たちが魅力を感じる高島市の良さは、実は私たち日本人が忘れかけている大切なものだったりします。古くから受け継がれてきた琵琶湖畔の景観、「水」とともに生きる暮らし方、私たちが育んできた「おもてなし」の精神など、世界に誇れる歴史や文化をこれからも大切に守り続けていくことは、とても大切なことです。

こうした流れの中で私は、高島市ゆかりの歴史資源をインバウンド戦略の一つの鍵として、6500年前の古文書「ホツマツタヱ」を全世界に発信していきたいと思っています（本書の第5章で詳しく説明します）。

私も、歴史好きにはたまらない高島のロマンに、すっかり心を奪われた一人です。「故《ふる》きを温《たず》ねて新しきを知る」まさに高島こそが、この言葉を実感できる場所です。

多くの歴史遺産が残され、神社仏閣が存在する高島に、私は特別な意味があるのではないかと感じています。「温故知新」は使い古された言葉ではありますが、現代を生きる私たちにとって、いろいろな課題を解決するヒントが隠されているように思えてなりません。それは過去の経験や知識を活かせば、新しいものを生み出すことの大切さを知り、必ず自分自身を成長させることができるからです。

ヲシテ文字は母音と父音が組み合わさり
子どもとして生まれてくるのです

第5章

私たちのDNAはどこから来て、どこへ向かうのか
琵琶湖畔のまち高島で、すべてが解き明かされる

伝説の書「ホツマツタヱ」に引き寄せられて

実業の世界は面白くてやり甲斐があるのですが、心のどこかに満たされない空白があるような気がします。僧侶も精神世界に身を置いているだけで良いのかという疑問があります。それで私は、実業家と僧侶の二刀流で今日までやってきましたが、まだ私が知らない面白い世界、熱中できる世界があるのではないかと、常に思っていました。

そんな時に、「ホツマツタヱ」という古書に出会い、私は心を奪われてしまいました。新しい楽しみというか、追求すべき目標ができたのです。本章では、私のもう一つの顔というか、精神的な一面をご紹介したいと思います。

私は63歳となって、自分の終《つい》の住処《すみか》がどこであるべきなのか、やり残したことは何かを考えました。そこで、これまで親戚に任せて道半ばであった、琵琶湖畔のまちづくりの再生を手掛けることが、ある意味で終活の一つだと感じ、何としても完遂しなければならないと考えたのです。こうして、滋賀県高島市新旭町の天然温泉付エリアのある「風車ニュータウン」のＣＣＺプロジェクトは再び歩み始めることになったのです。

この高島の地に赴いたところ、不思議といろんな人たちと引き寄せられるように出会い、そして集まってきたのです。中でも、運命的といっても良い幸運な出会いがありました。

歴史情緒豊かな高島市にとても魅力を感じていたところ、その人は私の前に現れたのです。「ホツマツタヱ」という古代の書物を研究し、その伝承活動を精力的にされている梅川尚希さんです。梅川さんは、「高島市ほつま研究会」の会員であるとともに、修験道《しゅげんどう》の修行者で、私と同じ修行、同じ護摩焚きをされているという共通点があったため、すぐに意気投合したのです。役行者《えんのぎょうじゃ》や空海のことについて語り合う中で、飛び抜けて面白い話が彼の口から出てきて、「何ですか、それ？」となった。それが6500年前の古文書「ホツマツタヱ」だったのです。

彼との出会いを通して伺う話は、すべてが目から鱗《うろこ》なことばかりで、一度聞いてしまうと頭から離れなくなってしまいました。そして、「高島」と、この謎に満ちた「ホツマツタヱ」が密接な繋がりがあることがわかってきました。最も衝撃を受けたことは、ここ高島が「ホツマツタヱ」の聖地ではないか、そして日本の国が生まれた原点なのではないかということです。

「ホツマツタヱ」とは、縄文時代の6500年前の古文書で漢字以前の「ヲシテ」と呼ばれる独自の古代文字で書かれた日本の歴史が記された書物です。神代《かみよ》文字とも呼ばれ、天地創造から神々の系譜《けいふ》、人間の歴史、そして未来に至るまで幅広い内容が、縄文時代の風土と、美しい日本人の心を五七調の和歌にのせて綴られています。

しかし、私たちは学校の授業で習い、また常識として、これまで「古事記」（712年）と「日本書紀」（720年）（2つを総称して「記紀《きき》」という）が日本最古とされる歴史文献であること、それらはすべて漢字で書かれており、これ以前の日本人はまだ文字を持っていなかったというのが通説です。

ここで重要なことは、この「ホツマツタヱ」が「古事記」や「日本書紀」のそもそもの原書なのではないかという私の疑問です。そうであるとしか考えられない点が、たくさんあるからです。一般的に日本最古の歴史書といわれている「日本書紀」には、今では失われた歴史書から引用したと思われる個所が多数あり、その個所には必ず「一書に曰く」という文言が表記されています。このことは、わが国には失われた歴史書が過去に存在していたことを示唆《しさ》しています。多くの学者や研究家が、この失われた歴史書を探求していますが、その中で「もうひとつの日本史」の存在に言及した古史古伝と呼ばれる歴史書、「ホツマツタヱ」の存在が浮かび上がってきたのです。

「ホツマツタヱ」は、単なる古代史料としての価値だけではなく、日本の精神文化を知る上で重要な資料です。その内容は、「古事記」や「日本書紀」とは異なる視点で日本の歴史を捉えていて、神道の思想さらには宇宙観を理解する上で重要な鍵を提示してくれます。

ただし、「ホツマツタヱ」が再発見されて、研究が活発になったのは戦後以降のことです。事の起こりは、『現代用語の基礎知識』の初代編集長だった松本善之助氏が、1966年（昭和41年）に東京の神田神保町の古書店で「ホツマツタヱ」の一部となる写本を偶然手に取ったことがキッカケでした。写本にはびっしりと古代文字が書かれていました。初めて見たので、これが文字なのか記号なのか驚きました。「何だこれは？」と思い読み解いていくのですが、どうもよくわからない。そこで、古代史の研究者でもあった松本氏は、独自の研究で全体像を解明しようと、「ホツマツタヱ」全巻の収集に動きます。

全巻を探索する旅の中で、四国の旧家に残っていた写本に「（滋賀県）高島郡の某から借りて写した」との記述を発見します。松本氏はすぐに琵琶湖の西に位置する高島市を訪れ、そこで出会ったのが旧家の井保家でした。そして2002年（平成14年）、高島市安曇川町の日吉神社の神輿蔵《みこしぐら》から全巻が発見されました。五七調の長歌体《ちょうかたい》で記された「天」「地」「人」の3部構成、およそ12万文字・全40巻からなる書物。それが「ホツマツタヱ」の全体像だったのです。実は、井保家の先祖が漢訳を完成させ、日吉神社に納めていたもので、1775年（安永4年）の制作との年代記載がされています。このような経緯から、「ホツマツタヱ」の伝承地として高島は知られるようになったのです。

「ホツマツタヱ」に記されている内容は、ほとんど「記紀」と同じように時系列に沿った内容が書かれていました。しかし、顕著な相違点がいくつかあります。その一つは、「記紀」がすべて漢字で書かれているのに対して、「ホツマツタヱ」は縄文古代の独自の「ヲシテ」文字で記されている点です。

漢字は中国から伝来したとされていますが、それ以前の古代日本には文字がなかったというのは、私には、いささか信憑性に乏しく大いなる疑問に感じます。というのも、漢字が伝わってから、音読み・訓読みを習得し、そして「ひらがな」や「カタカナ」へと発展させていく訳ですが、そのような当時の日本人の文字文化に関する素養は、漢字以前に何らかの基本的な文字を持っていたからだと言えないでしょうか？

もう一つ「記紀」とは決定的な相違点は、紀元前5000年頃、つまり縄文時代からの日本の歴史が記録されており、「記紀」では神話として曖昧になっていること、例えば天照大神《あまてらすのおおみかみ》：アマテラス（ホツマツタヱではアマテルカミと記述する）も実在した人物として書かれているのです。「八百万《やおよろず》の神」といわれるほど神話として今に伝えられている神代七代の神々は、すべて実在していたとされていることです。そして、それぞれの神様が祀られた神社も、ちゃんと実在することが明らかにされているのです。

さらに、「ホツマツタヱ」では、伊勢神宮に祀られている天照大神《あまてらすのおおみかみ》は、女神ではなく本当は男神だったと書かれている点も「記紀」とは真逆です。なぜ「記紀」では天照大神が男性として書かれなくてはならなかったのか。私がその理由として考えられるのは、時の権力者にとって、天照大神を女性（瀬織津姫《せおりつひめ》）だと仕立てあげなくてはならない何らかの不都合があったのではないかということです。女神にすり替えて「日本書紀」にまとめてしまわなければならなかった理由があったとする説です。そこには、男神・天照大神の性的関係を隠匿するためではないかとする考察すらあります。

天照大神には12人ものお妃《きさき》がおりました。それは、天皇家の世継ぎが途絶えないように制度的に設けられたものでした。それぞれの妃に子どもが授かり、その子どもの流れから天皇家の流れまでが家系図として全部載っている。これが「ホツマツタヱ」にはすべて書かれており、「記紀」とまったく違うところなのです。

建国をはじめとした日本の歴史については、いろいろといい加減なものがある中で、ずっとこれまでは「古事記」と「日本書紀」しか拠り所がなかった訳です。そこでは、神代七代の神々は架空の人物、証拠がないから本当に存在したの？と消化不良になってしまいます。それに対して「ホツマツタヱ」では、クニトコタチから3代目以降、実在する人物で、天照大神でさえ実在する人物として祀られている神社がありますよと書いているのです。

2024年（令和6年）1月、私は、「古事記」でも「日本書紀」でも、神々はぼんやりと神格化されてしまっている。ここまで明確に言ってのける「ホツマツタヱ」って、ひょっとしたらすごいんじゃないの？と興味を唆《そそ》られて、どうしても「ホツマツタヱ」に踏み込んでみたいと思うに至った理由の一つはここにあります。

ところで、この「ホツマツタヱ」が生まれた縄文時代は、なぜ1万年以上にわたり続いたのでしょうか？　世界史を眺めても、これほど一つの時代が長く続いた例はありません。

古代日本の縄文時代は、現在と比べて温暖で安定した気候が続きました。そのため、人々は狩猟採集生活を営みやすく、豊かな自然の恵みを享受することができたのです。安定した食料源と豊富な資源は、暮らしの安定に繋がったのです。

縄文人たちは、自然と共生する独自の文化と価値観を育んできました。自然に謙虚に向き合う精神や畏敬の念に基づき、人々は争いごとを避け、協調性を重んじる社会を築いていたのです。実際に、病気になった人を看病していた形跡も残っており、人々は支え合って暮らしていたようです。このような社会が、長期的な安定と繁栄を支えたと考えられています。

しかし、縄文時代が決して停滞していた訳ではありません。土器や石器などの技術革新が進み、環境の変化に適応しながら生活を向上させてきました。特に、弓矢や漁具の発明は食料を獲得する技術と効率性を飛躍的に向上させました。特に、縄文時代の後期・晩期の文化や技術は世界のトップレベルだったのです。

縄文社会は、中央集権的な国家ではなく、地域ごとに分散した小さな集団で構成されていました。環境や社会情勢の変化に対して柔軟に対応することができ、自給自足の暮らしを長期的に存続していったのです。地域間の交流や交易も盛んに行われていました。異なる文化や技術の交流は、新たなアイデアや価値観を生み出し、さらなる文化の発展を促進しました。

こうした心豊かで平和な縄文時代を背景に、6500年前に「ホツマツタヱ」は生まれました。「ホツマツタヱ」は、縄文人に示された国づくりの書だったのです。

私が「ホツマの伝《つたえ》」と表現している「ホツマツタヱ」とは、「秀真伝《ほつまつたえ》」と表記され、「まこと（真）の中のまこと（真）の言い伝え」という意味となります。「ホツマ」は漢字で表すと「秀真」となり、「ツタヱ」は「伝え・言い伝え」です。

これは日本の国を賛えた言い方で、「秀真国」とは「秀でた本当の国」「秀でていて整っている国」という意味になります。日本人は穏やかに暮らし、礼儀正しく生きること、誠実で謙虚に支え合って生きてこそ、国の安寧と秩序が保たれ幸せになれる。そうした国が本当に秀でているのだと伝えているのです。

宇宙へ共鳴する「あわのうた」

私なりに「ホツマツタヱ」に思いを巡らせながら、どんどんとのめり込んでいく中で、私の心に響き驚いたのが「あわのうた」です。

縄文時代の古代日本の国は秩序が定まらず、天候不順で混乱を極めていました。世の中が乱れて来た時に、時のリーダーが庶民の言葉を整理して統一しないことには国を統治できないため、この混乱を鎮《しず》めようとしたのが、神々の生みの親である、男性の神様イザナギと女性の神様イザナミでした。イザナギ・イザナミは、国を鎮め安定を図るには、まず言葉を正すことであると、「あわのうた」を誰でも理解できるように五七調の和歌にしてつくったといわれています。「あわのうた」を民衆に教えながら、稲作や機織りなどについても指導をしました。「あわのうた」は農耕文化と深い関わりを持ち、自然との共生や豊かな収穫を願う意味が込められているのです。

「あわのうた」は、「あ」で始まり「わ」で終わる48音の歌です。

「あ」は「天」を表し、「わ」は「地」を表します。そして、「あ」と「わ」の間にある音・言葉

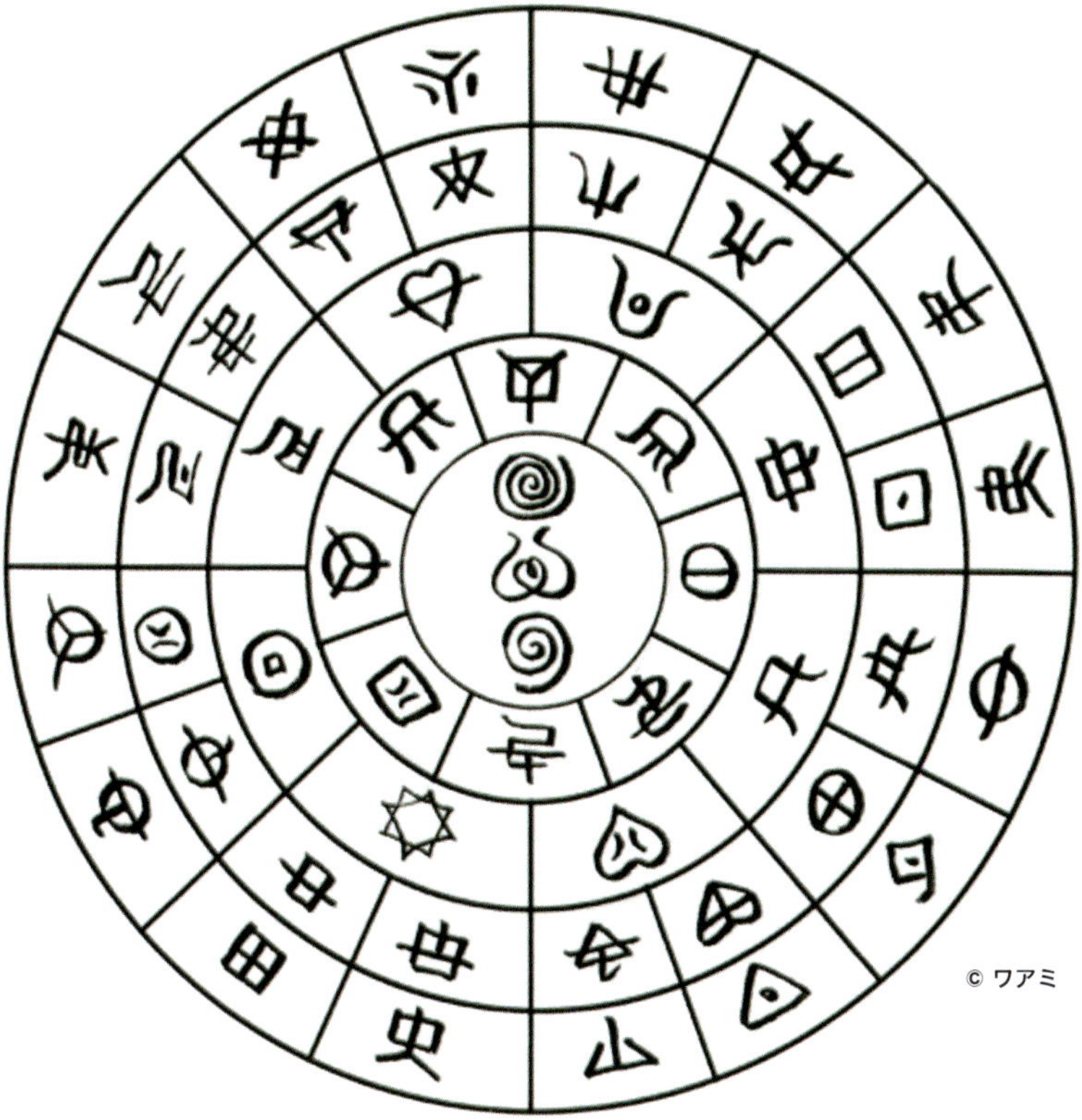

© ワアミ

「ヲシテ文字」とは？

「ヲシテ文字」は、漢字が日本に伝わる前に使われていたとされる、ひらがなやカタカナとはまったく違う記号のような文字です。

上図の「フトマニ」は、「ヲシテ文字」で書かれた古文書です。放射状に並べられた一文字ずつに意味があり、神々のはたらきや関係性を表すために使われていたと考えられています。

に、森羅万象《しんらばんしょう》すべてが宿された歌なのです。

この世のあらゆる事象には、「表」と「裏」、「前」と「後」、「左」と「右」というように二極が対になっており、「陽」と「陰」という考え方に繋がるのです。形が相似している「淡路島」と「琵琶湖」もまるで対をなしているかのようで、スピリチュアル系では陰と陽の関係にあるといわれております。

「あかはなま　いきひにみうく　ふぬむえけ　へねめおこほの」という「天」の24音をイザナギが歌われ、「もとろそよ　をてれせゑつる　すゆんちり　しゐたらさやわ」という「地」の24音をイザナミが歌い連ねることで、民衆に共通の言葉を教え広めました。

この歌と言葉をもって、日本人は心豊かな民族になるだろうと国のリーダーは考えました。ただし、「あわのうた」をすぐに読み書きできるようにしなさいとは、決して強制的な命令によって押し付けはしませんでした。この歌を覚えたら、その意味も易《やさ》しく覚えるだろうと考えたのです。

一つひとつの文字とその音の響き、音感で一つの物事が振動する、まるで超能力が持つような波動のパワーをこの歌に宿《やど》したのです。48音の音の響きはそれぞれ意味を持ち、「48種類の言霊が共振し合う」ことで、縄文時代の日本を国として安定させ発展させることに使われたと私は考えています。

例えば「ノウマクサーマンダバーサラダンカン」や「南無阿弥陀仏《なみあみだぶつ》」など、どんな宗教にも1つのキーワードとなる言葉がありますが、なんと6500年前の縄文時代にそのようなパワー・ワードを歌に込めていたのです。五七調の和歌で48音で綴られた「あわのうた」は、人々の心を整え安らかに調和させるための最適な周波数となり、癒しの効果が認められています。いわば、宇宙にまで届いて共鳴する神秘的な歌だといえます。

本書では成功するための哲学や、私が経験してきた失敗から多くを学んでほしいと述べてきた訳ですが、結局はこの振動を感じることが、もっとも大事なことだと気づいたのです。それは、電子レンジのように外側は熱くないし、火もないのにもかかわらず物が温まる、これみんな振動なのです。この振動が48音の中に余すことなく含まれているのが、「あわのうた」なんです。空海の密教を学んだ千光寺のヘッポコ和尚である私なりの言葉でいうと、これは不動明王の真言と同じで、この振動・周波数によって「思ったことがすべて現実化する」・「願望が達成する」という究極の回答が導き出されるのです。

「あわのうた」を歌えば、その振動・周波数を感じて元気になる。心身に沁みわたり健康になると密《ひそ》かなブームとなりつつあります。ある女性がユーチューブで歌っていましたが、それは素晴らしいものでした。みなさんにも是非聴いてみてほしいと思います。

しかし、歴史が進むにつれて、漢字が普及し、人々への浸透《しんとう》とともに神代文字《かみよもじ》がやがて消えていきました。次に、明治時代には「廃仏毀釈《はいぶつきしゃく》」運動が起こり、仏教思想的なことがほぼ消され、続く「修験道禁止令《しゅげんどうきんしれい》」によって呪術的《じゅじゅつ》なことが一切できなくなりました。太平洋戦争の敗戦でGHQに統治された際も、マッカーサーが最も恐れた日本人の「祈り」を無力化する政策により、国家主義的なイデオロギーを一掃するため、日本独自の文化を否定し、「神道指令《しんとうしれい》」が出されました。小さな神社をまとめてしまおうとする習合令によって、それまでたくさんあった神社は整理され、欧米列強への従属意識を植え付けようとしたにより、現在では元の形がわからなくなってしまった訳です。こうして、日本の古来から伝わる文化や歴史は、敗戦後79年前より表舞台からその多くが葬り去られることになったのです。

常に歴史は勝者により巧みに塗り替えられます。どうせつくられた歴史であるなら、勉強してもしようがないと、私は元来考えていました。しかし、物事の本質を捉えることだけは得意だと自負していますから、「ホツマツタヱ」の一連の流れを知るにつけ、これはちょっと本物ではないのか？と、どんどん前のめりになっていったのです。

「ホツマツタヱ」に基づくと、縄文時代から高度な文明を持った日本は世界のリーダーだった。神代文字《かみよもじ》による独自の文字体系、独自の暦《こよみ》、そして高度な技術が存在し、単なる狩猟採集《しゅりょうさいしゅう》社会ではなく稲作や神代文字もある文明社会だったのですから。そこには、日本という国が、縄文時代から続く世界で最長となる天皇家を中心として来た歴史の流れが記されています。「古事記」や「日本書紀」とは異なる系譜が示されていて、紀元前から天皇家は日本を統治してきたという壮大な歴史観が展開されているのです。

特に、日本人独特の「祈り」の文化は、神道・仏教ともに共通しており、欧米人からすれば恐怖の対象だったのです。目に見えないものに畏敬の念を持ち、良い意味でも、悪い意味でも、すべてを呼び込む日本人の精神性、「祈りの力」を大変恐れていたからです。

日本は天皇を中心として歩んできた、世界最長の歴史を持つ国だということです。世界はすべて日本から始まった。しかし、このことを声高らかに主張することは、人類にとって最大のタブーなのかも知れません。

実は漢字や稲作文化は「逆輸入」だった?

約7300年前、九州南方沖の海底火山・鬼界カルデラというのが大爆発をしています。この世界最大となる超巨大噴火によって、上空に噴き上げらた鬼界アカホヤ火山灰は、偏西風に乗って遠くは青森地方にまで降り注いでいます。琵琶湖の湖西・高島市内でも最大5センチの火山灰の堆積層が確認されています。当然、九州・中国・四国地域は壊滅的な大打撃を受けて、人が住めなくなりました。九州で育っていた縄文人の高度な文明はほぼ全滅して、ここにいた縄文人たちは生活圏を大陸や海を超えてアジアさらにはイースター島に求めて、逃げて渡ったのではないかといわれています。

それから火山灰によって寒冷期がやってきました。青森県の三内丸山にあった縄文文明にも影響を与え、大陸へ海を渡った縄文人たちは中国へ行き、果てはシュメールやエジプト中近東に至るまで渡って人々は移り住みました。そこで古代日本の先進的な縄文時代の優れた文化文明のエッセンスを伝えたのです。稲作も教えましたし、文字もそうです。その後に歴史上の世界4大文明へと繋がっていった、との説が現実味を帯びてくるのです。

また、現代の科学技術の進歩にともなって、縄文時代より前のＤＮＡや縄文人の人骨、弥生時代の人骨、さらに古墳時代以前の人骨も解析できるようになっているんです。そうすると、時代ごとの人骨分布などから、どのようにして日本列島に古代人が、どのルートで移動したのか。最近言われていることは、約７３００年前の未曾有の火山災害で日本人が大陸へ移動して、１３００年後に中国を経由して逆輸入で日本に帰ってきたのではないかということです。つまり、一方通行で大陸から日本へ渡来してきたのではなくて、いったん日本から大陸へ渡った人々が古代文明を持ち帰ってきたのではないか？　すべては逆輸入だったと考えています。

だから、教科書で習った古代史では説明がつかないことが起きてきます。縄文時代の認識が変わってくるんですから。漢字が中国大陸から伝わり、稲作が朝鮮半島から伝わったというのは本当なのか？　そうではないのでは？　そんな日本史ミステリーともいうべき階段を自分なりに登っていくと、いろいろな疑問がたくさん湧いてくるのです。

私は若い頃、フランス領のニューカレドニア等の世界中の海を周り、趣味のスキューバーダイビングでこれまで200回以上は潜ったものです。そのダイビングでとても印象深い体験は、日本最西端に位置する沖縄の与那国島の海底遺産です。正式には1986年（昭和61年）に発見され「与那国島海底地形」と呼ばれているのですが、どう見ても自然の地形には見えない。東西約250m・南北150mに広がる巨大な一枚岩で、直角の巨大な人造物にしか見えず、古代文明の神殿跡です。しかし世界遺産になってもおかしくはない世界なんですが、差し

著者がスキューバーダイビングで撮影した与那国島の海底遺産

当たって文化財指定に向けた調査活動が始まった段階だそうです。

これほどの与那国島の海底遺産が、いまだに世界遺産になっていない決定的な理由は、そこには文字がないからです。要するに、その大遺跡の中に人為的に書かれた文字が存在し、宇宙人のような絵が描かれていたりしたら、これは世界遺産だとなるんですね。

なぜこんな話をしたかというと、高島市安曇川町にある「近江聖人・中江藤樹記念館」の和室で実際にこの目で「ホツマツタヱ」の写本を見たことで、文字という痕跡は非常に大事であると実感したからなのです。人間の叡智を辿る上で、文字の役割はとても大きいのです。

だから、古代から高度な文化文明を持っていた日本で、漢字以前から存在した古代文字で綴られた「ホツマツタヱ」は、遥かな時空を超えて現代の私たちに語りかけることができるのです。歴史ロマンを感じずにはいられません。

日本の国が生まれた近江国・高島伝説

古事記や日本書紀では語られていない、それよりも以前の古い時代に、クニノトコタチという神様によって日本の国が生まれたという伝説が残っています。

国をお生みになったのがクニトコタチの神様で、その場所が琵琶湖であったとしています。琵琶湖が「淡水」であることから現在の滋賀県の一帯も「あわうみ」（淡海）と呼ばれるようになり、それが訛《なま》り「おうみ」になり、それが「近江」という地名の初元であり、現在に伝わるとされています。

高島は神々が集まって会議をした場所の一つで、「タカマ」と呼ばれる今の国会議事堂のような場所でもあったようです。「古事記」「日本書紀」では高天原《たかまがはら》といって、天と地を行き来する入り口のような所という認識なのですが、「ホツマツタヱ」では全国各地を治める神々が、日本の国について議論する政治の中心をなす場所の一つであり、すでに中央国家という体を成していたというようなことが書かれています。

クニトコタチは天上から地上に降りて国土を生み、それが後の日本列島の形成に繋がっていったとされています。この高島市安曇川町における国土開闢《かいびゃく》神話は、次のような文献にも詳しく、かつ明確に書かれています。

太古、天地開闢《てんちかいびゃく》の元《もと》つ神クニトコタチが天降《あまふ》られたのがこの地であったからである。したがってここを高洲《たかしま》ともいう。この神はここで始めて人《ひ》倫《と》と万物《すべてのもの》を生み、これを大日本八洲《おおやまとやしま》とした。この神に八（人の）王子があって名をみな同じ国狭槌尊《くにさづちのみこと》とした訳は、これをそれぞれの八洲《やしま》の主《ぬし》とされたからである。睹《と》・補《ほ》・河《か》・味《み》・袂《え》・微《み》・汰《た》・佲《め》がその八洲であった。中にも大日本国は「睹洲《としま》」のため、とくに大瓊《おおに》国ともいうのである。（『安曇川町史《あどがわちょうし》』1984年〈昭和59年〉、安曇川町史編集委員会 編）

＊「ホツマツタヱ」では、睹《と》・補《ほ》・河《か》・味《み》・袂《え》・微《み》・汰《た》・佲《め》の八（人の）王子それぞれの名

「記紀《きき》」とは繋がりのない安曇川町の町史にこのように記されています。つまり、日本の国の元々の始まりはここ高島であり、「ホツマツタヱ」は高島から伝承されているという点がとても重要で意味があるのです。なぜ私が高島に惹かれたのか、その理由はまさにこのことに尽きます。

さらに、近江高島は、神話伝説の舞台であるだけでなく、歴史的にも重要な役割を果たしてきた土地だということがよくわかります。古代豪族の勢力圏として栄え、中世には荘園地として発展してきました。近世には城下町が形成されて、宿場町として人々の往来で賑わいました。

先に登場した松本善之助氏はその著書で、近代日本において自ら発見した「ホツマツタヱ」写本1ページ目には誰かの手により、左肩に大きく「秀真伝《ほつまつたえ》」とあり、「ホツマツタヱ」とカナが振ってあり、右肩に「近江国高島郡産所村《さんじょむら》三《み》尾《お》神社《じんじゃ》神宝《じんぽう》」の文字があったと述べています。

この産所村《さんじょむら》三尾《みお》神社は、現在の水尾《みお》神社となっており、三尾神社旧跡として石柱が建っています。ここには、継体《けいたい》天皇の母親である振媛《ふりひめ》が、継体天皇ら三つ子を生んだ場所である産屋《うぶや》があったという伝承があり、かつて「産所村《さんじょむら》」という地名でした。その振媛が出産をする時にもたれたという「安産もたれ石」が今も残っています　そして驚いたことに、この三尾神社旧跡の説明板には、「当社には神代《かみよ》文字書『秀真伝』四十巻が伝わりました」と書かれているのです。

この説明板には、三尾神社の創祀《そうし》者は山崎命《やまざきのみこと》と記されています。さらに、継体天皇の父・彦主《ひこ》人王《しおう》に天成《あまなり》神道を教授したと書かれていますが、私の理解では、これはすなわち「ホツマツタヱ」の教えを伝授した、と読み替えられるのではないかと思っています。山崎命とは、高島の地で天《てん》孫降臨《そんこうりん》の神を導き案内をしたという、猿田彦命《さるたひこのみこと》に関連する人物ではないかと考えられます。

また、安閑《あんかん》神社の境内には、田の水争いの際にその水口を塞ぎ止めたといわれる「力石」と並ぶように、「神代文字の石」と伝えられている謎の石碑が建っています。表面には「ホツマツタヱ」以前の記録としてではありますが、絵記号とともに「ヲシテ」のような神代文字が印刻されていて、両神社には何らかの関係があるのではないかと私は考えております。ぜひ興味があれば参拝してみてください。

近江聖人《おうみせいじん》「中江藤樹《なかえとうじゅ》」に心を惹かれて

高島市は、「近江聖人《おうみせいじん》」と呼ばれた中江藤樹ゆかりの地としても有名です。中江藤樹は江戸時代初期の儒学者で、中国の「陽明学」を日本に持ち帰り広めた、日本における陽明学の始祖となった人物です。

近江国の小川村（高島市安曇川町上小川）に生まれ育った藤樹は、父の仕える加藤家の転封《てんぽう》に伴い、米子、伊予大洲《いよおおず》へ行き加藤家に仕えましたが、母親の看病のために藩士を辞めて、故郷の近江へ帰り私塾・藤樹書院を開きました。

そして中江藤樹は、武士から地元の庶民まで身分を問わず学問を教え押し広めます。その陽明学の教え「至良知《ちりょうち》」とともに人々から尊敬され、「聖人」と呼ばれるようになり「近江聖人 中江藤樹記念館」が建てられ、貴重な資料が展示されています。

私は高島市に移り住むようになって以来、中江藤樹の存在が心の中にずっと引っかかっていました。特に、彼が故郷高島へ戻った後、私塾を開講するという決断をした背景には、何か特別な理由があったのではないかという疑問が消えなかったのです。

「中江藤樹記念館」を中心に、「藤樹神社」や「藤樹書院」「藤樹先生墓所」等が集まる中江藤樹ゆかりの地を巡り歩くと心洗われる思いがします。そして、一人の学者がこれほど大きな私塾（教育施設）を構えたというのは尋常ではないという驚きが込み上げてきます。

私は、藤樹が学問の拠点をつくるにあたって、「ホツマツタヱ」のことを知り、理解していたのではないか、ということに思いを抱くようになりました。

藤樹の教えとは、死後に救済を求めたりする宗教的な考え方ではなく、今この世でみんながともに幸せになることを目指しました。誰もがみんなと一緒に幸せになるだけの「力」を持っている。誰とでも仲良く、尊敬し、認め合う「心」であり、「美しい心」です。「致良知（りょうちをなす）」とは、人は皆、生まれながらに「良知」という美しい心を持っており、それを磨き実践することが大切であると説きました。それは単なる学問にとどまらず、人間としての生き方そのものを示唆しており、日本人の良き道徳心の模範となりました。

当時の江戸時代において、武士階級だけの特権であった学問を、身分の分け隔てなく、広く一般の庶民にまで親しむことができるように門戸を開きました。そうした彼の思想は現代においても、なお多くの人々に影響を与え続けています。

その学びの拠点に、豊かな自然と歴史に恵まれた高島を選んだことは決して偶然ではないのです。

この中江藤樹記念館のさらに北には、「陽明園」という中国庭園があります。高島市は、儒教を基礎に「陽明学」へと発展させた王陽明の故郷・余姚《よよう》市と友好都市で結ばれています。そのシンボルとして陽明園が建てられました。

この陽明学で繋がる記念館の付近一帯では、中国人の実業家や学生たちを中心としたコミュニティが現在できつつあります。中国の教えにはないもの、日本の歴史・文化・気質などあらゆる優れたところを吸収して、中国に送りたいという思いで熱心に勉強しているのです。

縄文時代にまとめられた、日本最古の文献といわれる「ホツマツタヱ」の謎解きの鍵が中江藤樹にあるのかも知れません。中江藤樹は、日本の精神文化の重要性を説いています。実は、中江藤樹は「ホツマツタヱ」の存在を知っていて、その考えに基づいて日本の文化を守ろうとしたのではないか？と私は考えているのです。

教科書とは違う視点から日本の歴史を考えると、とんでもない事実が見えてきます。「ホツマツタヱ」と中江藤樹の思想の底流には、私たちに日本の真の姿を教えてくれているのかも知れません。

その中江藤樹と縁の深かった人物が、２０２４年（令和６年）７月より、新一万円札の肖像画となった渋沢栄一です。「日本の資本主義の父」と呼ばれた渋沢栄一もまた陽明学に深く親しんであり、藤樹先生のことを「穏健で実行を重んじる」人物として高く評価しています。

渋沢の談話筆記をまとめた「実験論語処世談」には、「近江聖人と崇められた中江藤樹先生の住んで居られた近江高島郡小川村などへは、その徳を慕つて寄り集つて来る」と述べています。藤樹の教えは、武士だけでなく庶民にも広く浸透し、人々の生き方を導く指針となっていました。

そんな藤樹への深い敬意から、安曇川町の町民たちは、藤樹を祀る神社を建立することを決意しますが資金調達に苦労します。そこで村長が援助を依頼したのが、藤樹にゆかりのあった渋沢栄一です。渋沢は快諾し、自ら寄付すると同時に、三菱や住友など当時の財界へ呼び掛けて莫大な資金を支援しました。いわば藤樹神社建立の影の立役者なのです。

２０２４年（令和６年）７月３日より一万円札の「顔」となった渋沢栄一氏は、５００社以上の会社設立に関わったとされ、日本の商売とその仕組みづくりの神様と称されています。代表的なものには、第一国立銀行（現在のみずほ銀行）、東京海上保険、帝国ホテルといった企業のほか、明治神宮など非営利法人の設立にも寄与しました。

さらに渋沢は、「近江商人」とも深い繋がりを持ち、高島に縁のある人物、すなわち「ホツマツタヱ」とも繋がっている可能性の高い人物と接点を持っているのです。

それは古河市兵衛という人で、明治維新後の混乱期に活躍し、古河財閥を興した日本の実業家です。京都岡崎の庄屋に生まれ、26歳の時に近江国高島郡出身で京都の豪商小野組の番頭・古河太郎左衛門の養子となり、古河市兵衛と名のります。若い頃から商才を発揮し、小野組の番頭として頭角を現しました。アメリカのＧＨＱマッカーサー元帥の「財閥解体」政策により小野組は閥体されましたが、渋沢栄一らと協力して事業を立ち上げ、日本の近代化に大きく貢献しました。

古河市兵衛の功績は数え切れませんが、例を挙げると、海運会社・日本郵船を渋沢栄一と共同で設立して、日本の海運業を世界に轟かせた人です。また、近代日本の産業発展に大きく貢献した足尾銅山など数々の銅山を手掛け「銅山王」としても、その名を馳せました。古河市兵衛が創設した古河グループは、彼が亡くなられた後も、様々な変遷を経て、現在の古河電工グループ、富士通グループへと繋がっていきます。

このように、高島にルーツを持つ古河市兵衛は、その先見性と実行力で、日本の近代化を牽引した人物なのです。私は、古河財閥時代より「ホツマツタヱ」の存在、そして「あわのうた」を、古河市兵衛も渋沢栄一氏も知っていたと、私は考えています。

空海も「ホツマツタヱ」を知っていた？

私は空海ゆかりの千光寺のヘッポコ和尚（管長）ですが、神の存在を否定する訳ではありません。むしろ、真の仏教徒は、宇宙の真理を探求し、すべての人々が幸せになるための道を示すものであると考えています。

空海の教えを深く探求していくと、「神仏同座」の教えであり、2千年以上の歴史を持つ仏教、古代聖書から新約聖書に至るまでのキリスト教、さらにはバラモン教やユダヤ教といった様々な宗教は、その源流のところで一つに繋がっている、元は一つであることがわかってきます。そして、これらの宗教の根底には、太陽や宇宙との密接な関係があり、さらに古代には「ホツマツタヱ」の伝播という話にも繋がっていくのです。

例えば、仏教というのはお釈迦様、釈尊が教えたことですから、先導師に当たります。しかし、真言宗の中でも特に密教は、ブッダではなくて宇宙をあまねく照らす大日如来です。その化身の不動明王は密教における御本尊として護摩を焚き、加持祈祷により願望を達成・成就せしめるのです。

私は若い頃に、不動明王に真言を唱え続けたことで備わった、自己の超能力と中村天風先生から学んだ潜在意識と「潜在能力」の存在に気づきました。なぜ「特殊な能力」を持ったのか？

これは不思議だと思い、自分探しの旅で不動明王に出会い、空海に行き着き、密教を学んで、密教で修験道を学び、徹底的に追究したのです。そして、これは「超能力養成講座」であるとの理解に及びました。要するに一般の人は、超能力を持っていたとしても一生その能力に気がつくことはありません。

それを開花させる方法が、八百万の神々と超難関の山岳地帯で修行し、山の中のオーラ、「気」を吸い込み覚醒するという修験道でした　大日如来の「阿」という字が紺地の中で金色に光っており、この「阿」を、これを目を瞑る、または目を開けるに係わらず、そのイメージが湧いて来ると手の上に乗るようになる。それができたら、その目で東京に居ながら大阪を見たり、今のインドを見たりというような千里眼という手法に変わり、さらに予言者へと変わっていく訳です。

若い空海は、和歌山熊野山や奈良葛城山などで厳しい山岳修行を続けていました。修行中に訪れた久米寺で密教の経典「大日経」を手にした空海は、これこそが真実の教えであると感銘を受けます。そして、本物の仏教を探し求めて、ついに遣唐使として中国に渡るのです。首都・長安に入った空海は、青龍寺の恵果《けいか》和尚に師事し、入唐わずか3ヶ月で仏教の奥義・密教のすべてを伝授されました。そして無名の日本人僧であったにもかかわらず、空海は3000人ともいわれる弟子たちを出し抜いて、恵果阿闍梨の後継ぎ・第八祖となったのです。

日本にはその当時、不動明王が入ってきていませんでした。そこで空海は、高野山に不動明王を設置するために、仏師を呼んで彫らせたのが、激怒し怖い顔をした仏像だったのです。

不動明王の顔が怖いのは、普通の伝え方では救えない人々を強引に救うためです。だから親が子を叱るように怖い顔をしているのです。しかし、怖い顔の内に愛が込められています。今度、不動明王にお会いになる機会があれば、そのことを思い出して拝んでみてください。

私は、空海が唐に渡る前に、役行者の修行場である金峰山寺を訪れ、役行者の密教の修行から着想を得て、密教の基礎を習得し「悟り」と独自の修行方法を編み出していたのだと考えています。

役行者は、奈良時代に活躍した修験道の開祖とされる人物ですが、役行者の死後、後継者が不在であることから、空海自らが役行者の後継者となり意思を継ぎ、四国八十八ヶ所、熊野山々等の役行者が下地を敷いてきた功績を次世代に繋げようとしたのだと思います。

高野山・不動坂にある「女人堂《にょにんどう》」は、かつて女人禁制だった時代に女性が参拝できた場所として知られています。しかし、実はこの女人堂には、もう一つの秘められた伝説が存在します。

その伝説の主役は、役行者です。空を飛び、鬼神を操るなど、数々の奇跡を起こしたと伝えられています。「役小角《えんのおづの》」がその本名であるといわれ、また「役優婆塞《えんのうばそく》」の呼び名があり、一般的には僧侶として知られる役行者ですが、実は在家仏教信者として修行した人物だったのです。役行者は、数々の不可思議な事績を残した偉大な修行者「修験道の開祖」として崇められてきた存在です。女人堂内には、そんな役行者の像がひっそりと佇《たたず》んでいます。

大学を中退後、「空白の約10年間」を過ごした空海は、四国・和歌山・奈良を巡りながら山岳修行に励んだとされています。その修行先で出会ったのが、修験道だったのです。空海は山岳修行での厳しい体験により、「第二の悟り」を得ることができたと私は確信しています。そして、役行者の古い密教と古神道、そして恵果阿闍梨からの新しい密教の秘儀とを融合させることで、独自の修行体系を確立して、高野山を開山し真言宗を興したのです。

高野山を訪れる機会があれば、ぜひ女人堂を訪れてみてください。そして、役行者像を参拝しながら、こうした空海と役行者の繋がりや、役行者の仏像が高野山にあることにあらためて思いを馳せると、空海のお気持ちを汲みとることができそうです。

空海は、単なる宗教家としてだけではなく、様々な分野で天才的な才能を発揮した人物です。私は、そんな空海の天才さに触れ、その立ち振る舞い、センスの良さに思わず唸ってしまうほど大好きなのです。

そもそも、空海は高野山の開創の際に、「宗派で争うことはない。すべては天、すなわち『大日如来』のもとで行われているのだから」と伝えたのです。この空海の呼び掛けに、伊勢神宮をはじめ日本古来の神道の方々も賛同したと伝えられています。

そして、高野山開山の最初に4つの神社をつくったのです。僧侶として得度した者は、今でもその神社にお祈りに行くのです。

一般的に神社とお寺は違う宗教だから相容《あいい》れないものと考えてしまいますが、空海は、仏教の仏を超越して、日本古来からの神々である「狩場明神《かりばみょうじん》」と「丹生明神《にうみょうじん》」を開創の神として尊崇していました。

空海が、恵果阿闍梨から正統後継者として第八祖となったことは先に触れました。唐から帰国の途上、船が漂流・遭難した時に、空海は神に誓願しているのです。それは、無事帰朝のあかつきには、真言密教によって国家を鎮護し、済生利民《さいせいりみん》を全うすることを神に誓います、という内容でした。

こうして空海は、密教の世界観を日本古来の神道信仰と融合させて、神仏同座の教えを説きました。空海は、中国から密教を引き継ぐだけではなく、あらゆる宗教、あらゆる思想を取り込みながら密教の奥義を極め、その教えをさらなる高みへと押し上げたことがわかります。その枠組みをはるかに超えた宗教観で真理を見つめていたのです。

空海は、その超人的な活躍により日本全国各地で奇跡を起こしてきました。それは「空海伝説」として今なお語り継がれています。

特に、水不足に悩み雨乞いをする民衆のために錫杖《しゃくじょう》をついて水を湧かせたというような「水」

に関する伝説が数多く、全国各地に1500以上もの伝説があるといわれています。

中でも、「善女龍王《ぜんにょりゅうおう》」の話は、次のような雨乞いの戦いとして伝えられています。


平安京（京都）の神泉苑の池には、善女という龍王が棲《す》んでいると、そんな噂がありました。

天長元（824）年の春のこと。長い間雨が降らず、日照りが続いて庶民が苦しんでいました。

そのため、時の天皇がその神泉苑にて雨乞いをせよと、西寺の「守敏《しゅびん》」と東寺の「空海」に祈雨の習法を命じました。

まず、西寺の守敏が7日間雨乞いをしました。ほんの少し雨が降っただけでした。

次に、空海が7日間の雨乞いをします。しかし、まったく雨が降りません。

おかしいと空海が法力で調べると、なんと、守敏の仕業《しわざ》で全国すべての龍神が水瓶に閉じ込められていました。しかし唯一、「善女龍王」だけは守敏の呪力から逃れて、天竺《てんじく》（北インド）の無熱池《むねっち》にいることが分かりました。

そこで空海は、さらに2日間の延長を願い出て、善女龍王を神泉苑に呼び寄せました。

そして、祈雨の修法を行ったところ、長さ9尺（約2・7メートル）ばかりの金色の龍が姿を現し、たちまち雨が降り始めました。しかも、その雨は三日三晩、日本中に降り続いたのです。

高野山に参詣すると、不動堂の南に「蓮池」があります。その池の中央にある小島に、善女龍王を祀る社《やしろ》があります。蓮池の小島に祠《ほこら》を造営した際、善女龍王像をお祀りすると、なんと、瞬く間に大雨が降りだしたそうです。

この「善女龍王」の伝説には、善女という龍神が登場しますが、この話を聞いて私は、この龍神さまは水の神である瀬織津姫《せおりつひめ》のことだと直感したのです。

ところが、瀬織津姫は「古事記」「日本書紀」には登場してこない神様なのです。さらに、瀬織津姫は、男神・天照大神の正妃であったといわれています。「ホツマツタヱ」によると男神である天照大神には、先に述べたように12人の側室がいました。正室はいなかったのです。ところが、天照大神が瀬織津姫と奇跡的に出会った際、そのあまりの美しさに惹かれ正室にしてしまったのです。それで、瀬織津姫が正室に、そして側室を12人にするという制度自体を変えてしまったくらい瀬織津姫にぞっこんだった訳です。

それが、なぜか「記紀」では封印されたかのように記述が一切ありません。これもアマテラスが男であっては都合が悪いため、瀬織津姫を天照大神として歴史の改変があったのではないかと考えています。

たった48音で成り立つ「ホツマツタヱ」には、言葉、言霊が現実を創造するという世界観が刻まれており、これは空海の「真言」に通じる考え方です。過去にとらわれず、今この瞬間の想いを大切にすること。そして、その想いを言葉に発することで、現実がつくられ未来を創造できるのです。それは「あわのうた」を唄うことであったり、不動明王真言を唱えることで現実化すると捉えることができます。

空海の一番出来の悪い後継者としての私の考えでは、空海自身は、日本人の奥深い心を知り、「ホツマツタヱ」の存在と出会い、この共通点を理解していたのではないか。そう解釈しているのです。

48種類の音それぞれに言霊が込められた、この神代文字の一つひとつを眺めていると自然とひらがなやカタカナ、そして空海の「いろはにほへと」を連想するのです。

「いろはにほへと…」で知られる「いろは歌」の手本とひらがなをつくったのが空海であるといわれています。実は、空海は1250年前に「ホツマツタヱ」を知っており、その内容を理解して関わったと考えられます。

空海が中国へ渡りすぐ帰国するのは、中国ではなく日本にこそ真理があるという確信からではなかったか。帰国後、真言宗を創設し、日本最初の私立学校である綜藝種智院《しゅげいしゅちいん》を設立します。真言密教の教えを通じて庶民にも開かれた教育を行い、人材育成に尽力した空海の行動は、「ホツマツタヱ」から大きな影響を受けたからだと私は考えるのです。ひらがなはたった46音の文字（や行・わ行の重複した文字を加えて50音）でありながら、複雑で奥行きのある日本語をわかりやすく表現しています。その一字一字には、「ホツマツタヱ」の神代文字と共通する真の言霊が宿っています。そこには、空海の深い知恵が込められているという訳です。

高島ですべては繋がった

これまで点と点でしかなかった「ホツマツタヱ」「あわのうた」、そして「中江藤樹」や「空海」など、たくさんの偶然がここ高島の地で交差し、時に結合して、一本の線で繋がったのです。

水の神・瀬織津姫と空海の関係。さらに、滋賀県・琵琶湖は「水の国」であり、その高島市には水とともに伝わる暮らしがあるのです。すべては宇宙の摂理により繋がっています。それは必然ともいうべき「高島コネクション」として集まり新たな地平が開かれ、私の目の前で一気に広がったのです。

それにしても、なんと引き寄せが凄いことでしょうか。

映画であっても、こんなに見事に引き込まれていくシナリオはなかなか書けません。それは、まるで修験者が一人、二人といろんな所から集まってきては修行を行う霊場のようでもあり、そこで潜在的なパワーが研《と》ぎ澄《す》まされいくかのようです。それは出会うべくして出会ったとしか考えられない。必要な時に必要な物事が、必要な人が集まってくる、助けてくれるというのがこの世の摂理であると、私は心の奥底に届くほど痛感しています。

私自身は、これまでの人生の断捨離を、そろそろ始めていこうかという境地にいます。若い頃は会社を大きくしたり、たくさんお金儲けをしようという発想でしたが、そういうことよりも、原点回帰の心境というか、もっと大切なものがあるという価値観の転換期を迎えている気がしています。やりたいことを全部やるの中に、これまでの人生にはなかった新しい目標が現われたからだと思います。

そのキッカケになったのが「ホツマツタヱ」との出会いです。その内容に心を奪われて、もう一度、日本という国や日本人の成り立ちから、私たちのＤＮＡはどのように変遷してきたのかについて思いを馳せたい気持ちです。幸いにも、梅川さんを筆頭に高島にはたくさんの研究仲間がいて、今まで私たちは左脳を使いすぎた、そろそろ縄文時代に回帰して、右脳文化を取り戻そうと話しているところなのです。

縄文エネルギー研究所所長の中山康直さんも、その中の重要な一人です。

『聖徳太子コード』上巻（２０２３年、ヒカルランド）を出版した中山さん。彼は臨死体験で垣間見た「聖徳太子の真の姿」を読み解くために、独自の視点で日本の歴史を捉え直し、世界中を旅しています。その結果として「ホツマツタヱ」、そして高島に繋がったといいます。彼が半世紀もかけて、世界中を旅して集めた日本史どころか世界史の常識を覆すに違いない証拠品の数々は、およそ300点、歴史的価値にして約3億円を悠に超えていると思います。

そして、私は今回原点に戻ろうという壮大な構想を共有し、できることなら高島市の中江藤樹記念館に中山さんの縄文コレクションを寄贈しようと現在計画中なのです。さらに、一般財団法人「秀真（ホツマ）の伝えを学ぶ会」の設立に向けて意見交換をしているところです。

私たち日本人のDNAはどこから来たのか？

現在どこにいて、これからどこへ向かって行くのか？

それは果てしない宇宙、つまり「ホツマツタヱ」へ向けた「摂理」への問いかけであり、その回答を求めて、どうやら私は琵琶湖畔のまち高島へやって来たようです。

それはおそらく、空海の強力な引き寄せの法則によって導かれたに違いありません。

真言（おまじない）を唱えれば、すべての願望を叶えてくれる不動明王の不思議な「大日力」

第6章

私の不思議な「力」を探しながら
不動明王との運命的な出会いにより
「空海」に導かれ千光寺の管長へ

私が僧侶の道へと進んだ理由

私は幼少時から、自分自身の中にある不思議な能力について探求し続けています。

そんな私が、「不動明王」→「空海」→「真言密教」→「護摩焚き」→「大日力」から、空海ゆかりの千光寺のヘッポコ和尚になった経緯、私の原点についてお話させていただきます。

私は現在、前章で説明させていただいた、琵琶湖の西岸にある滋賀県高島市で発見された縄文時代の約6500年前の古文書「ホツマツタヱ」に魅了された方々が集まる「秀真（ホツマ）の伝えを学ぶ会」の代表として、今話題の『聖徳太子コード』の著者・中山康直さんと一緒に研究活動をしております。

まさか、風車ニュータウンのまちづくりのために来た高島市で、このような活動を始めるとは、想像もしていませんでした。琵琶湖の西岸にある滋賀県高島市で発見された古文書と出会えたの

『不動明王』像。
庶民に「お不動さん」と親しまれています

も、本当に不思議な出会いです。

その研究活動を通して、「密教」、「ホツマツタヱ」、そして中村天風先生の教えに共通する考え方があることに気づきました。それは、積極的な精神から生まれる「潜在意識」が、宇宙エネルギーを取り込み、「潜在能力」として開花することです。そして、この力は「大日力」や「オーラパワー」と同じものであるということです。

子どもの頃から、私は大変な喘息持ちで、そんな状況を見かねた祖母が、「喘息が治るから」と、神社へお参りしました。大阪府吹田市の垂水神社の左側の小道の先に小さな滝が右手にあり、修験者が滝に打たれながら身の清め修行をしていたと思われる場所から、さらに先に進むと、小さな一見粗末な小屋があります。その小屋へと連れて行かれたのです。実は、それが不動明王さまを祀った「お不動さん」でした。小屋を見た瞬間、なぜか一瞬にして親近感を持ったことを今でもはっきりと覚えています。自然と手を合わせている自分がいました。

無人の小屋（お堂）の入口には、「のうまく・さーまんだ・ばーさら・だんかん」との不思議な言葉（呪文）のはり紙が貼られてい

不動明王に加持祈祷(護摩焚き)を行う著者

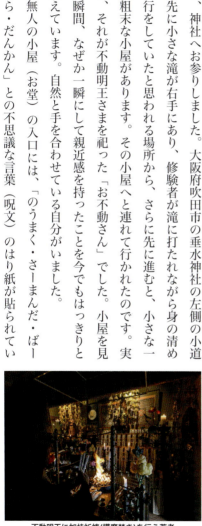

ました。大きな声で、入口の格子戸の中の真っ黒な不動明王さまに向かって8回唱えよと、書いてあります。意味はわからずとも、不思議に有難さを感じ、その呪文をはっきりと声に出して唱えてみたのです。

すると…不思議な、今でも説明し難い「何か」を確かに実感しました。それは不思議なパワー（大日力）のシャワーを浴びているような感覚で、不動明王さまの御慈悲を授かっている気持ちになり、いつしか夢中で何度も同じ呪文（御真言）を唱え続けていました。

その時です。全身が何かに共鳴して震え始めたのです。不動明王さまと自分自身がしっかりと通じ合うような、そんな不思議な感覚が全身を覆い始めました。私は、初めての感覚に戸惑いを覚えながらも、いつしか、とても晴れやかな爽快な気分になっておりました。

そんな不思議な体験をした参拝の帰り道、私はハッと気づきました。先ほどまで出ていた咳が、ピタリと止まっているではありませんか。もしかすると、不動明王さまのお力で喘息が治まったのでは…。足を止めて後ろを振り向きました。そして思わず、不動明王さまが鎮座されておられる方向に向かって合掌をさせていただいていたのです。

空海ゆかりの千光寺（白浜別院）

その日以来、喘息の発作は完全に止まり、今日まで一度もぶり返すことはなくなりました。今振り返れば、それが空海の真言密教に導かれることとなった、最初の不思議体験だったと思います。

私は、頭は決して良くない成績も悪いアホな子どもでしたが、見たもの、聞いたことが、まるでビデオカメラで撮影しているかのように、頭の中で映画のように再生《リプレイ》される不思議な力を持っていました。興味のあることに関しては、映像としてすべて丸暗記ができて、早送りも巻き戻しもスローモーションにでも自在にできる能力、すべてを瞬時に思い出すことができる記憶力が、子どもの頃から私には備わっていたのです。

さらに、何か問題に直面すると、私の頭脳は高速回転し、まるで時計の針が1分を1秒で回るように瞬時に答えを導き出すことができるのです。ただそれは人間の当たり前の能力で、普通なことだとずっと思っていました。

しかし、後々自分が16歳で社会に出て仕事を始めてから、多くの人と接する中で、そんな特殊な能力（中村天風の教えでは潜在能力）は普通のことではないのだと理解するようになりました。これは何か特別のことで、私には人の心も先のことも見通せる不思議な

著者が行う護摩行（加持祈祷・祈願の行）

力が備わっているのでは、と感じるようになりました。ついには、「自分は超能力者かもしれない」と勘違いするまでになったのです。

一方で、「そんな自分とは何者か、これからこの特殊な能力を使って何をすればよいのか？」と、自分自身をもっと突き詰めていきたい。そんな気持ちにも駆られました。

私は、生まれつき明るく朗らかな性格で、持ち前のコミュニケーション能力を活かして、いろんな人との出会いを大切にしてきました。そのことで人生をより豊かにすることができ、人生そのものを思いっきり楽しんできたのです。

そんな私の身体の奥底に潜んでいる不思議な力の正体はなんだろう。その力がなぜ私に備わっているのだろうと、自分でも不思議でした。

そこで、この自分の「特殊な能力」について、占い師に手相を見てもらうと、両手の中心にハッキリと確認できる「神秘十字星」に驚き、「あなたは神仏に守られた最強運の持ち主」と言われました。本当にそうだろうかと首を傾げた私は、その後、霊能力者や占い師の方々など、不思議な「力」を持っている方々を訪ね歩きまわりました。すると、出会う方々すべてが、まったく同じ言葉を私に投げかけてくるのです。

「あなたには不動明王さまがついている」と…。ある占い師の方には、「この言葉の意味が数年先に必ず理解できることでしょう」と、予言めいたことを告げられたこともありました。当時は理解できませんでしたが、私は、いろいろな書物から仏教の秘密の教え「密教」を学び、あれほど勉強をすることが大嫌いであったのに、何故か、ひたすらに空海の大ファン（オタク）となり、真言密教に没頭しました。そして、様々な方々と出会うことで、すべての点と線が「不動明王」をキーワードに繋がっていったのです。

そして、最終的に行き着いたのが、真言密教の修行をすることでした。姫路の成田お不動さん（明勝寺）のご住職に無理を承知でお願いし、仕事をしながらの割行にて修行に励みました。僧侶になるためではなく、「不動明王」すなわち空海の密教の加持祈祷（護摩焚き、護摩行）の修行に打ち込んだのです。すると、密教の護摩焚きなどの修行を行うことで不思議な力（大日力）を感じることができるようになったのです。

著者24歳　姫路成田山・明勝寺にて修行に勤しむ

空海の教えに『十住心論』があります。修行して悟りを開くまでの十段階のステップが示されている教えです。当時の私は、第一住心（本能）から第二住心（倫理）に上がっていた頃だと思いますが、さらに第三住心（覚醒）、第四住心（無我）へと、悟りの道を歩むために修行せよとのお導きでした。私が真剣に僧侶の道を歩むための機会を与えてくださったのです。

「空海の十住心論」とは、次のとおりです。

第一住心 「本能」
雄羊（獣）のように性と食のみにとらわれ、本能の赴くままに生きている感覚的・動物的な心。

第二住心 「倫理」
愚かな子どものような大人ではあるが、生活の規則（日常倫理）に目覚め、人への施しに目覚めた倫理的な心。

第三住心 「覚醒」
いまだ輪廻の世界にいるが、来世の生があることを知って幼子のように安らいでいる宗教的な心。

第四住心 「無我」
この世界に実在するのは物（五蘊《ごうん》）であり、実体としての個我は存在しないと自覚している心。

第五住心 「自利」
この世界の一切は因縁によってのみ存在することを自覚し、無知の元を取り除こうと努める心。

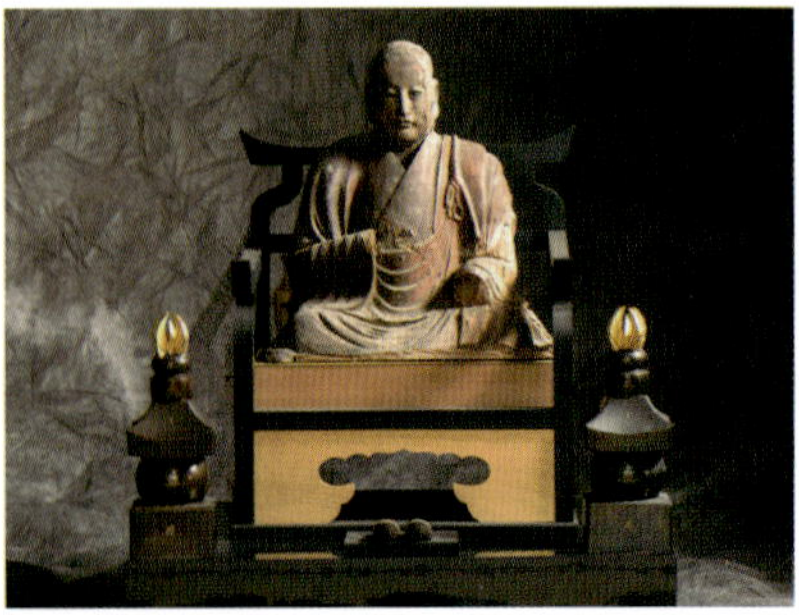
阪神・淡路大震災により全壊した神戸の千光寺総本山の瓦礫から奇跡的に探し出された約300年前の「空海像」

第六住心　「利他」

物心とも因縁から生じた幻影と知り、すべての人々を救済しようとする自愛の念に満たされた菩薩の心。

第七住心　「空」

実在に対する迷妄や差別心を断ち切り、一切は空だということを徹底して悟った安楽の心。

第八住心　「生命」

絶対の真理は唯一無二と悟り、何ものにもとらわれずに永遠の生命世界に生きる心。

第九住心　「価値」

仏教哲学が、行き着いて生命世界の実相を悟りつつ、なお究極の悟りがあることを知る心。

第十住心　「絶対」

真理の世界（大日如来）と一体となり、法界《ほっかい》が心のすべてになった絶対境の心。

高野山・真言宗真言密教の開祖・空海

私が「十住心論」に従って修行に懸命だった頃、その後の人生を大きく変える運命的な出会いをすることになります。

それは、空海亡き後の第408代目、竹内崇峰大僧正管長猊下との面談でした。

この出会いは、単なる偶然ではなく、私の持つ不思議な力と竹内管長猊下の智慧を引き寄せる「空海」のお導きであり、必然の出会いでした。大日力には、このように必要な人を必要な時に出会わせる「引き寄せの法則」があるのです。

1994年（平成6年）2月、竹内管長猊下は、私が拝謁させていただいた「高野山真言宗管長」ならびに全国の真言宗3600寺の「総本山金剛峰寺座主」でありました。

高野山奥の院参道

私が、姫路の成田山「明勝寺」にて修行の日々を送っていた時、竹内管長猊下のお使いの昇道師匠が私のところを訪ねて来られました。その時、唐突に「君は、誕生日が2月21日ですね。これは即ち、仏縁により、空海の生まれ変わりなのです」と告げられたのです。そして、高野山の金剛峯寺に上りなさいとおっしゃるではありませんか。その後、高野山を訪れた折に、竹内管長猊下に拝謁させていただくことになりました。

ある時、管長猊下はこうおっしゃいました。

「あなたは、若い人々に『空海の教え』をあなたのやり方で広めなさい」

しかし私は、竹内管長猊下に対しておそれ多くも、返す言葉でこう宣言してしまったのです。

「管長猊下、誠に申し訳ありませんが、私は頭を丸めたり、僧侶の衣装を着たり、高野山に出家して僧侶になることは絶対にできません！」と。

しかし、その言葉に対して、管長猊下は諭すようにおっしゃいました。

「あなたは、すぐに僧侶にならなくてもよいのです。なぜなら、ビジネス界で死ぬほどに苦労するのですから。つまり、それが密教の苦行（修行）となるのです。ですから、あなたは、ご自身の好きなように生きなさい」

そうおっしゃった後、竹内管長猊下は後ろを振り向き、掛けられた書を指差しながら、「この書の『済世利民《さいせいりみん》』について考えるように。成長した暁には、『玄津』と名乗りなさい」との言葉を私に投げかけられました。

空海を開祖とする高野山には117の寺院があり、これらを総称して「金剛峯寺《こんごうぶじ》」とその末寺3600寺があります。そして信徒は約1000万人です。その最高位である竹内管長猊下から、光栄なことに私は「玄津」と

著者33歳　高野山真言宗第408代目・竹内崇峰管長猊下より
僧名「玄津」を授かる

の僧名を拝受させていただくこととなりました。「玄」は天空、「津」は潤す。すなわち、「人々の幸福を実現するために、仏（空海）の教えを世の中に広めなさい」という意味が込められているそうです。

このような竹内管長猊下とのご縁により、その後、真言宗４０９代目管長並びに総本山金剛峯寺座主となられた稲場義猛管長猊下（当時）から、書「山寿無窮」をいただきました。

布教に努めなさいと高僧より授かった書

また、空海が産声を上げた四国の善通寺から、真言宗善通寺派の善通寺56世法主（当時）であった高吉清順管長猊下からも、「一草開五葉」との言葉が記された書も拝受いたしました。

このように「大日力」には、悪縁を断ち、良縁を引き寄せる力があるのです。その中でも印象深い奇跡的なご縁がありました。

経営の神様として知られる松下幸之助氏は、空海と真言密教の熱心な信者でした。和歌山県出身の松下氏は、高校野球の強豪校として知られる智辯《ちべん》和歌山の母体である辯天宗《べんてんしゅう》の宗祖・智辯尊女様とも親交があり、辯天宗の信徒総代を務めていました。また、辯天宗は日本船舶振興協会の故・笹川良一氏も信徒総代をされていたことでも有名です。

実は、この智辯尊女（稀代の超能力者）のご子息である辯天宗の大森慈祥《じしょう》管長猊下とは、約30年前に拝謁して以来、親交を深めていました。残念ながら猊下はすでに亡くなられましたが、このご縁やさらに、故・松下幸之助氏に関わるご縁において、「大日力」の力をさらに強く実感する出来事がありました。松下幸之助氏の息子さんは、秘書として20数年間松下氏に寄り添い、松下電器産業の理事、そしてＰＨＰ総合研究所の社長を務めた後、この章の後半にご紹介させていただく「令和しあわせの会」の代表発起人に名を連ねることになったのです。

辯天宗の大森慈祥管長猊下と

松下幸之助氏、智辯尊女、大森慈祥管長猊下、「令和しあわせの会」代表発起人、そして私、玄津…。すべては、空海の「引き寄せの法則」の強力な磁力によって引き寄せられたご縁なのです。

宗教法人千光寺の管長として

一般のお寺とは異なり、葬式などを行わない祈願寺（加持祈祷場）というお寺があります。こうした祈祷寺として、約300年の歴史を継承するのが、現在の高野山真言宗千光寺派・兵庫県雪彦山千光寺総本山です。

千光寺総本山は、元禄10年に彌栄上人《やえしょうにん》が空海の霊指を受け、摂津の国（現・神戸市）にて千光寺設立を発願《ほつがん》し賢照上人《けんしょうしょうにん》により建立されたお寺です。その後、移り変わる時代の中で、庶民の密教信仰の拠り所として親しまれてきました。

そんな千光寺総本山が、未曾有の大災害に巻き込まれました。1995年（平成7年）1月17日午前5時46分に発生した、阪神・淡路大震災です。

当時、神戸市兵庫区会下山《えげやま》にあった千光寺総本山は、被災し崩壊してしまいました。その後、千光寺復興の責任役員となった私は、世の中を照らし、庶民を照らし続けてきた「法灯」を消して

千光寺総本山を建立された
賢照上人の位牌

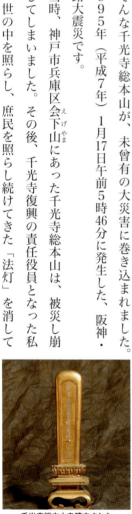

はならない。そう決意して、兵庫県夢前町（合併して現在は姫路市）の霊峰・雪彦山の麓にて、千光寺総本山の再興に取り組みました。

千光寺の復興にあたって、元々の場所に全壊した本堂を再建する案や、他に移設する案などの意見が出ていました。檀家総代や信徒総代、熱心な不動明王信仰の信者の方、修験道の相談役、山伏の面々からの意見が噴出したため、一つにまとめるのは至難の技でした。

ちょうどそのような時期に、千光寺復興のために雪彦山の登山道がある約1万坪の土地を寄付したいとの申し出があったのです。

古くから兵庫県の姫路北部に所在する雪彦山は、山伏や修験道の山岳修行の場として知られていました。不動明王や山岳信仰を支える、雪彦大権現「金剛鎮護寺」と呼ばれ、賀野神社と神仏習合の形式をとっておりました。ところが、明治元年の廃仏毀釈《はいぶつきしゃく》により、長らく金剛鎮護寺は廃寺となっていたのです。被災した千光寺を雪彦山の麓へ移設していただきたいとの申し出は、このような所以から出てきた提案でした。

被災した千光寺総本山（神戸市兵庫区会下山）

こうした案を受けて、総本山の神戸より北姫路への移転が始まりました。この時期、そうした手続きや寺務所の組織再建などを、私が千光寺の復興事務局長になって長らく務めさせていただくことになりました。そして、私が34歳となった1995年（平成7年）に、あらためて兵庫県姫路成田山「明勝寺」にて中院流・四度加行の修行を行い、出家得度を受けました。

その後、1997年（平成9年）に千光寺総本山の本堂が雪彦山の麓に完成し再興を果たします。そして、関係者すべてのみなさんのご推薦により、当時はまだ36歳の若造であった私が、宗教法人千光寺の代表役員（管長）に就任することになったのです。

その際には、私が現在、相談役を務める成田不動修験本宗の山伏による「柴燈大護摩供《さいとうおおごまく》」を出仕させていただきました。早いもので、千光寺総本山の管長に就任してから27年、仏縁を頂戴して約40年の歳月が流れました。

ちなみに、修験道の古い行者の資料には、山伏が山岳修行していた霊峰・雪彦山は、旧夢前町にある洞ケ岳（811m）、鉾立（950

著者36歳　神戸から北姫路の霊峰・雪彦山に移転のために建築中の千光寺総本山

m）、三辻山（915m）の総称でした。

雪彦山は、「日本百景ひょうごの森百選」や「近畿百名山」にも選定されております。千光寺総本山のある霊峰・雪彦山への登山口の一帯は、「雪彦峰山県立自然公園」にも指定されています。近年では、難易度の高いロッククライミングの名所として各方面からも脚光を浴び、一般的にも知られています。

私は、この霊峰・雪彦山での千光寺総本山でのお勤めとは別に、空海との縁が深い和歌山県の南紀白浜温泉・水晶山2527番地に千光寺別院を建立し、ヘッポコ和尚（管長）としての活動も行うこととなりました。

白浜の千光寺別院には、黄金色《こがねいろ》に輝く「大慈眼観世音菩薩《だいじげんかんぜおんぼさつ》」を中心に12尊の観音《かんのん》さまにより、立体曼荼羅《りったいまんだら》を配置させていただきました。そして千光寺別院は、訪日観光客も自由に境内を楽しんでいただける「国際観光寺」として、いろいろな工夫をしております。日本の若い方だけでなく日本観光に来られた諸外国の方々も、気軽に密教に興味を持っていただき、「空海」を知っていただけるお

著者56歳　相談役をつとめる「成田不動修験本宗」の選りすぐられた山伏（修験者）

寺です。千光寺別院が、空海の教えを世界中に広める一助になればと願っております。

もともと宗教法人千光寺は、弘法大師（空海）を始祖とした、「金剛峯寺」を総本山とする高野山真言宗の末寺（包括宗教法人）でした。

その後、先々代のご住職が、高野山真言宗の末寺より独立して「単立・宗教法人千光寺」としたのです。諸々の手続きは済んでいると思っていましたが、手続きが完了していないことを知り、私が顧問を勤めている「一般社団法人 日本仏教協会」に左記の各手続きを依頼しました。
①高野山真言宗包括的法人～単立法人化
②管轄官庁「兵庫県」から「文部科学省」に移行
③雪彦山千光寺総本山を主たる事務所（総本山）を兵庫県姫路市夢前町に置く、として再登録
④白浜別院（従たる事務所）（別院）を和歌山県白浜町水晶山に置く
⑤東京別院（従たる事務所）（別院）を東京都豊島区北大塚に置く
④⑤を新規に設置（新規登録）などの手続きを速やかに進めました。

「立体曼荼羅」の聖域。
観光を楽しみながら、
ご利益も元気も授かる
大日如来の世界。

元受文庁第３１３８号の１　令和2年1月16日
宗教法人「千光寺」【規則変更 認証書】　文部科学大臣・萩生田光一
令和元年12月27日付けで申請のあった宗教法人「千光寺」の規則の変更を宗教法人第28条の規定によって認証します。

お陰さまで、千光寺の単立宗教法人化ならびに南紀白浜温泉千光寺の別院と東京別院（従たる事務所）の登録手続も、文部科学大臣より【認証書】を発行していただき無事完了しました。

千光寺の総本山は、約３００年前に千光寺の設立を発願した彌栄上人が「高野聖」として、摂津の国（神戸）にて布教活動をしていたと記述があります。

そして、宗教法人化は、約74年前の１９５２年（昭和27年）９月19日となります。

宗教法人千光寺の登記簿には、「『千手観音』を本尊とし、『弘法大師』を宗祖として尊信し、祖廟《そびょう》中心の宗是に基き、高野山真言宗の弘法大師（空海）の教義をひろめ、儀式行事を行い、信者を教化育成し、祖風宣揚《そふうせんよう》、密教興隆、衆生済度《しゅじょうさいど》の聖業に精神し、その他この寺院の『目的を達成』するための業務及び事業を行う」と記載されています。その「目的の達成」を目指し、私は写真集『空海』（２０１８年8月21日）や、著書『ＳＵＰＥＲ☆ｓｔａｒ 空海の大日力 パート1』（２０１９年11月21日、さんが出版）や、『空海の大予言空海の大日力 パート2』（２０２０年10月12日、平成出版）

などを出版しました。

不動明王の護摩焚きの動作の中に、「『密教』の秘儀を通じて、神仏の加護を得るための『理解の壁』を突破することによって初めて、人々を『しあわせ』へと導くことのできる指導者になる」との空海の教えを実践しているのです。

このような修行を経て、私は１９９７年（平成９年）に僧階「権律師《ごんりっし》」、２００１年（平成13年）「権大僧都《ごんのだいそうず》」、２００７年（平成19年）に46歳という若さで空海の後継者となる「阿闍梨《あじゃり》」を賜りました。

実は、私は将棋が得意です。写真は、日本将棋連盟（佐藤康光会長）、皆様もご存じの天才・当時竜王の藤井聡太先生からの、空海ゆかりの千光寺のヘッポコ和尚（玄津）への将棋三段の免状です。

なぜ千光寺の管長が、将棋三段を?と思われるでしょうが、実は、仏教の秘密の教え「密教」の瞑想法である「阿字観《あじかん》」（超能力育成の奥儀。中村天風先生の教えでは「クンバハカ」と同じだと私は理解しております）の瞑想法により恵徳した特殊な、先を観じる（読む）力＝大日力のお陰なのです。

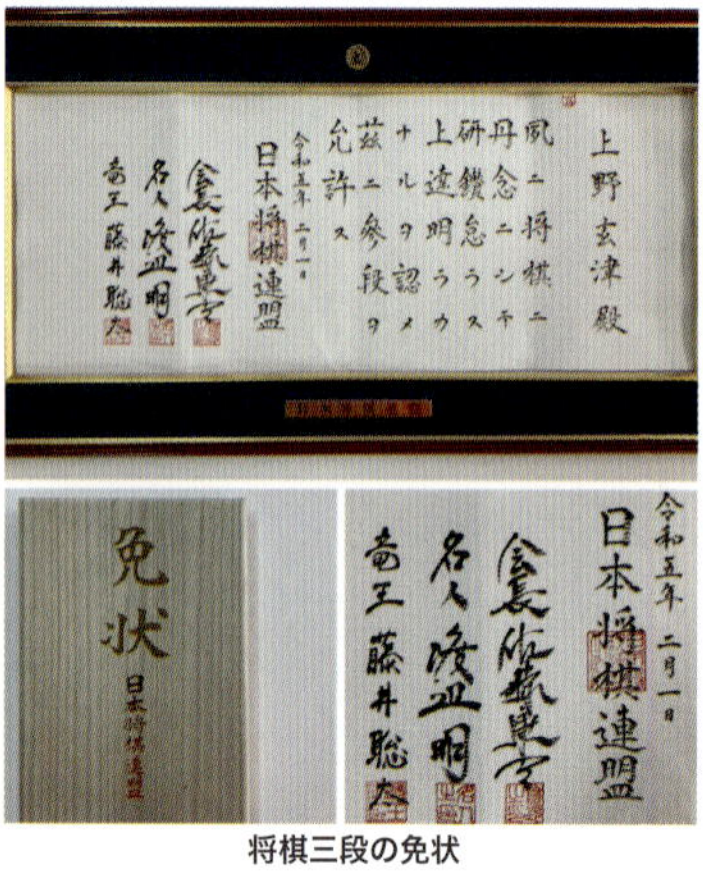

将棋三段の免状

私は、幼い頃から秘めたこの特殊な力を実践すべく、将棋を通して己の能力を試してみようと段位を目指しました。

驚いたことに、阿字観の修行によって頭の回転が速くなり、物事の本質が瞬時に見え、相手の考えや次の一手、リスクを感知できるようになり、ついには連戦連勝を重ねて、日本将棋連盟公認の三段にまで昇段することができたのです。

優れた修験者（修行僧）たちは、大日如来を表す梵字《ぼんじ》「阿」字を見つめることで瞬時に精神世界に入り、「阿」字と一体化することで、「先が読める」「物事の本質が見える」という千里眼のような能力を獲得することができます。意識の「目」をどこへでも運び、すべてを見透かし、心の目で何でも見ることができるのです。

私の将棋での段位習得の達成は、阿字観修行によって誰もが秘めている潜在能力を引き出し、超能力を覚醒させる可能性を秘めた奥深い修行なのです。

古代インドから現代に伝わる「梵語《ぼんご》」は、宇宙人（知的生命体）、または古代日本の縄文人が、約８０００年前に伝えた神代文字から

空海ゆかりの千光寺の宝物「大日如来像」

発祥された言葉といわれています。その梵語で空海の教えを（マントラ・真言）として唱えれば、大宇宙の太陽（大日如来）からのエネルギー（大日パワー）により、空海と大日如来と自分自身が一体であることを観じるのです。

そして、身分の高低に関わらず、誰でも幸せに導くことのできる特殊な能力を持つ領域に到達するのです。空海の密教は、神仏同座の教えから、大日如来を最高位の神仏の象徴として崇めました。八百万《やおよろず》の神々も、すべて大日如来の変身であり、私たちは大宇宙のエネルギーから慈悲と智慧を与えられるのです。

インドでヒンズー教の影響力が高まる中、仏教は東へと伝播していきました。その過程で、厳しい戒律を重視する上座部仏教と、比較的自由な大乗仏教に分かれました。上座部仏教はタイ

金剛界曼荼羅（左）・胎蔵界曼荼羅（右）

方面へ、大乗仏教は中国へと向かったのです。日本には大乗仏教が伝来しました。空海は、その中でも密教と呼ばれる奥深い教えを学び日本に伝えたのです。

真言密教には、胎蔵界曼荼羅と金剛界曼荼羅という2つの曼荼羅が存在します。それぞれ異なる大日如来を御本尊とする仏像や真言を持ち、一見すると対立しているかのように見えます。しかし、空海はこれらの曼荼羅を統合し、世界の本質は一つであると捉えたのです。胎蔵界曼荼羅と金剛界曼荼羅とは一対だと、仏像も違うし、真言も違うのに空海はこれを一つにし、相反するものを調和させる天才的な発想を象徴するものです。二つの曼荼羅を「大日如来」を中心とした世界観として統合したのも、異なる思想を調和させ、平和な世界を実現したいという願いからと、私は理解しております。

空海の教えは、キリスト教徒からも高く評価されているのです。それは、イギリスの比較宗教研究家のエリザベス・アリス・ゴルドン夫人という方が、高野山を訪れ、空海の教えとキリスト教の共通点を見出し、キリスト教も仏教も元は一つであると考え、実証するために研究していた人物です。

中国ではキリスト教のことを「景教」といい、空海が唐に滞在していた頃、当地で隆盛していました。ゴルドン夫人は、中国にあった景教碑を空海のお側にもと切望し、自費で同じ石碑を高野山に建立したのです。さらに、ゴルドン夫人が亡くなる時も、私が死んだら空海と一緒に、自ら建立した高野山の景教碑の側に埋葬して欲しいと願ったそうです。

そのゴルドン夫人の願いを聞き入れた高野山真言宗の心の広さに、私は感服いたしました。

密教を学び「運命」を拓く

こうして私は、仏教の秘密の教え「密教」を深く学び、独自の「摂理」の境地に至りました。

そして驚くことに、19歳の時に書店で偶然出会った中村天風先生の哲学が、約20年後に私が長年修行してきた密教の教えと驚くほど酷似していることに気づき、大きな衝撃を受けたのです。

そこで私は、52歳で会社経営と密教修行という二足のわらじをいったん脱いで、会社は苦楽をともにした信頼できる役員や幹部社員に任せ、一人の宗教者としてあらためて密教と向き合うこと

著者57歳　白浜千光寺別院にて

を決意しました。私自身の運命のターニングポイントとなった、左記の中村天風先生のパワーが漲《みなぎ》る言葉をご紹介します。


私はもはや何事をも恐れまい。

それはこの世界ならびに人生には、いつも完全ということの以外に、不完全というもののないよう宇宙真理ができているからである。

否、この真理を正しく信念して努力するならば、必ずや何事といえども成就する。

だから今日からはいかなることがあっても、また、いかなることに対しても、かりにも消極的な否定的な言動を夢にも口にすまい、また行なうまい。

そしていつも積極的で肯定的の態度を崩さぬよう努力しよう。

同時に、常に心をして思考せしむることは、『人の強さ』と『真』と『善』と『美』のみであるよう心がけよう。

たとえ身に病があっても、心まで病ますまい。

たとえ運命に非なるものがあっても、心まで悩ますまい。

否、一切の苦しみをも、なお楽しみとなすの強さを心にもたせよう。

宇宙霊と直接結ぶものは心である以上、その結び目は断然汚すまいことを、厳かに自分自身に約束しよう。

（『運命を拓く』中村天風 著）

私が空海の教えを学ぶ中で、右記の中村天風先生の「宇宙真理」「宇宙霊」「心（霊魂）」その宇宙エネルギーとの「結び目」を理解した時に、空海の密教との共通点に気がつきました。

中村天風先生は、人間の「潜在意識」と「潜在能力」に焦点を当て、宇宙エネルギーと「心」の繋がりを説きました。天風先生によると、人間は本来、宇宙と繋がる力を持っており、その力を引き出すことで様々な困難を克服し、望む人生を創造することができると断言されております。

空海と天風先生は、異なる時代、異なる文化の中で活動しましたが、宇宙エネルギーと人間の潜在能力に関する考え方に共通点が多いのです。

さらに、瞑想法や心の持ち方、悟りを得る修行方法など、両者の教えには多くの共通点があることを私は見出しました。

①宇宙エネルギーとの繋がり

空海は密教、天風先生は独自の哲学を通して、宇宙エネルギーと繋がることの重要性を説きま

2018年5月22日。世界人類の平和を祈願して「大柴燈護摩供」を執り行う

した。

②人間の潜在能力

空海は不動明王を本尊とした護摩焚きによる「願望達成術」、天風先生は潜在能力の開花を通して、人間の「心」が本来持つ「思考は現実化する法則」に焦点を当てました。

③実践的な教え

空海は、宇宙は不断に活動し作用し合っており、①手に印を結ぶ。その働きを物資的側面＝「身密」、②口に真言を唱える。波動的側面＝「口密」、③心を無の境地に置く。精神的側面＝「意密」の三方向から分析し、それを「三密」といいました。

中村天風先生が説いた「クンバハカ」とは、心と宇宙を繋ぐための実践的な教えです。①肛門を締め、②肩の力を抜き、③下腹部（丹田）に力を入れ、④深呼吸をする、神聖な状態（完全充実体制）をつくり出す精神統一瞑想法です。

さらに、「プラナマヤ」（活動呼吸法）や活力移送法を用いて、積極的な精神とポジティブな思考を保ち、宇宙エネルギーとの繋がりを深めます。天風先生はこれらの方法を通して、心身の健康、精神的な成長、そして真の幸せを追求することができると説きました。

現代のストレス社会で、宇宙エネルギーと繋がるための教えは「幸せを感じる」力を育てるため、空海と天風先生の思想は貴重な指針となるに違いありません。それを若い人たちに伝えることが、私の使命だと認識して現在に至ります。

私がツルツル坊主頭をやめた理由

多くの人が、僧侶といえば丸坊主というイメージを持つでしょう。私も僧侶でありながら、普段は髪を伸ばしスーツ姿で活動しています。中には「僧侶らしくない」と感じる方もいるかもしれません。そのため、私は空海ゆかりの千光寺のヘッポコ和尚と自称しているのです。しかし、そこには私の思いがあるのです。

そもそも、仏教の開祖であるお釈迦様は、螺髪《らはつ》と呼ばれる細かいパーマヘア（いわゆるパンチパーマ）だったといわれています。ところが、いつの間にか仏教界では、剃髪（丸坊主）が当たり前になりました。

仏教界では剃髪すべき理由として、「髪は俗世への執着に繋がる」「剃っても剃っても生えてくる髪は煩悩そのものである」「ヘアスタイルなど余計なこだわりを持ってはいけない」など、諸説あります。

しかし、私にとってこれらの説は重要ではありません。なぜなら、髪を剃るかどうかは、仏教の教えを広めることと直接関係ないからです。むしろ、従来の枠にとらわれ、固定観念にこだわることこそ、宗教者がすべき真の使命を妨げるものだと考えています。

大切なのは、外見ではなく「心」です。髪型にこだわらず、ありのままの自分を受け入れ、人々に寄り添うことこそが、真の僧侶の姿であると私は信じています。

私というものは、いつでも私であり、世界中へ空海の真言密教の布教活動を実践する身であり、仏様に帰依《きえ》する一僧侶であるという考え方は、どのような格好の時も変わりません。

私の活動スタイルは、伝統的な僧侶としてのイメージとは異なるかもしれませんが、仏教、密教、そして空海の教えの本質を伝えることに何ら変わり

黄金色に輝く「大慈眼観世音菩薩」（千光寺白浜別院）

はないのです。むしろ、SNSでの布教活動など今までの固定観念にとらわれない柔軟な姿勢こそが、現代社会において求められているのではないでしょうか。

髪型一つにしても、型にとらわれず柔軟に考えることが大切です。そのために私が41歳の時に、『勝つための非常識のすすめ』（2002年〈平成14年〉・こう書房）を出版しております。興味のある方は、一度読んでみてください。

私はこれからも、僧侶という枠にとらわれず、様々な方法で仏教の教えを広めていきます。

空海は、「死んで天国へ行くために今善行する。悪行は地獄へ堕ちる」といった考え方が常識だった時代に、「常識にこだわってはいけない」と、本当の仏教を追い求めて密教に辿り着きました。仏教の秘密の教え「密教」を学ぶために中国に渡り、恵果阿闍梨《けいかあじゃり》から密教のすべてを学び後継者となって帰国しました。そして、誰でもが身分に関係なく「現世利益《げんせいごりやく》」生きている今幸せになる「即身成仏」という当時は非常識とも言える悟りとして、高野山・真言密教を完成させました。

空海は、常識にとらわれず、既成概念を覆し続けた天才であり超能力者でした。そうした空海

著者が相談役をつとめる成田不動修験本宗の【コロナ=疫病退散祈願】を執り行う

の教えに出会った私は、その「現世利益」を叶える「大日力」に魅了され実践を重ねることで、運命が拓かれて現在に至ったのです。

令和をしあわせの時代にしたい

今から約40年前、空海のお導きにより、ある人物との奇跡的な出会いがありました。その人こそ、「令和しあわせの会」の会長・光永勇氏です。

私と宮古島で生まれた光永会長とは、同じ沖縄出身です。出会った時から「世界人類の平和」「日本のより良い選挙制度」の実現を目指しておられ、光永会長の著書『勝つ極意』や『人を動かす技術』を読み、同じ志に感動したことを覚えております。それ以来、兄弟の付き合い、沖縄の方言で「イチャリバチョウデ」の間柄は今も続いており、現在も「令和しあわせの会」など、様々な活動で行動をともにさせていただいております。

光永会長は、市民団体、各都道府県の勝手連ならびに「全国勝手連連合会」の会長を務め、私は副会長として、超党派による無党派の票を集める活動を熱心に展開しております。選挙の立候補者が、市民の幸せや地域の発展にとって必要な人であれば、超党派での「世の中カエル」の精神で応援する。そんな活動で現在では、全国各地の勝手連のメンバーにより、浮遊層の約200万票を動かすといわれている、傑出した市民運動のリーダーなのです。光永会長は、瀬島龍三先生（伊藤忠商事元会長、中曽根康弘元首相の顧問）から「日本の方途《ほうと》を示せ」と激励され、その使命への想いと責任感、精神力に、私は並々ならぬものを感じ敬服しています。

全国の仲間と活動する勝手連は、50年以上もの間、思想にこだわらず、いかなる団体とも与せず、政治を良くし、皆を「しあわせ」にするための市民活動を行ってまいりました。

そして、時代の要請に応えて、私は副会長という要職にあるため、勝手連の活動をより発展させることを意図して、元祖「勝手連」として商標登録証（第882165号）を取得し、全国の「勝手連」の統括本部として新たに一般社団法人「全国勝手連連合会・総本部」を創設いたしました。

そして私が38歳となった、1999年（平成11年）の大阪府知事選挙（4月8日執行）に立候補することになったのです。

『令和しあわせの会』を立ち上げた光永勇会長

当時、再選を目指す現職で、圧倒的強さを誇る横山ノック氏に各党は相逃げ状態でした。そこで、勝手連が各政党に喝を入れるため、全国勝手連連合会の光永勇会長の命により、勝手連副会長であった私が出馬することとなりました。

選挙活動中には、友人である馳浩氏（元プロレスラーで第3次安倍改造内閣において文部科学大臣・教育再生担当大臣、現在の石川県知事）やプロレスラーのサンダーライガー氏、武藤敬司氏、故橋本真也氏の応援演説をはじめ、各勝手連メンバーや芸能界からもたくさんの応援に駆けつけていただきました。選挙の結果、横山ノック氏は過去最多の得票を得て再選を果たしましたが、しかし勝手連の存在を誇示することができました。選挙結果では泡沫候補ではない証明がなされ、私個人としては満足する結果となりました。しかしその年の暮れ、選挙中のセクハラ問題でノック知事は失脚するわけですが…。

勝手連は、これからも新時代への「日本の方途」を示しながら、全国各地で市民運動の輪を広げてまいります。

応援演説に駆けつけていただいた馳浩氏

著者（38歳）と勝手連の光永勇会長

全国勝手連連合会・総本部の光永勇会長は、72歳を迎えられ今なお青年のごとく精気盛んであり、日本における地球の誕生日「アースデイ」の第1回大会会長に就任、「国をよくする、世の中カエル」を常に考えて政治家を育て国政選挙を応援。さらには、株式会社議会新聞社・社主（私が代表取締役）や、社団法人日本地方新聞協会・会長代行、ピンクリボン運動推進本部理事長など、各方面で活躍されてますます意欲に燃えております。

現在、混沌とした世界を生きる私たちにとって、私は僧侶の枠を超え、宗教界にとどまらず「令和しあわせの会」など、いろいろな活動を行っています。従来のお寺とは異なる活動内容のため、戸惑いを感じる方もいらっしゃるかもしれません。しかし、仏教の根幹にあるのは「世界平和」の教えです。

私は「新発想」に基づき、新しい時代の真言密教の布教方法を模索しています。そして、現代のスマホに依存した多くの情報の中でストレスを受け、「世界一自殺する」日本人に対して、「心」のあり方や「しあわせを感じる力」を育てるなど、願望達成に必要な新しいお寺の役割を見出したいと考えています。幸せになりたい、願いを叶えたい、良い人と結婚したい、事業で大成功し

「令和しあわせの会」憲章

わたしの幸せが、あなたを幸せにする
あなたの幸せが、わたしを幸せにする
広げよう、広げよう、幸せの「わ」を。

【令和元年6月5日・制定】

Charter Oath for Our Happiness

My happiness makes you happy.
Your happiness makes me happy.
Let's spread
the harmony of our happiness

[sworn in Jun 5 of 2019]

たい…どんな望みでも構いません。一人一人が幸せになっていただくことで、世の中は明るくなっていき、やがて世界平和へと繋がっていくのです。

光永会長と私は、現在の政治のあり方を正し、世の中を変え、日本を元気にしたい。この想いを新たにして、令和を「しあわせの和」の時代にしたいと願っています。一人一人の幸せが集まって大きな「和」となり世界の「和」に繋がっていくのです。

その趣旨を共有するため、2019年（令和元年）6月5日、「令和しあわせの会」の設立共同発起人会が設けられました。私たちが提唱する「和」にご賛同いただき、発起人になられたのは、次のような錚々《そうそう》たる方々でした。

平沢勝栄氏（衆議院議員）、海江田万里氏（元民主党党首）、河村建夫氏（元内閣官房長官、自民党地方創生統合本部長、衆議院議員）、松平恒忠氏（公益財団法人徳川記念財団初代理事長）、行徳哲男氏（哲学家）、江口克彦氏（PHP総合研究所社長）、大下英治氏（作家）、高橋宏氏（首都大学東京理事長）、春木信哉氏（幣立神宮

著者（58歳）と平沢勝栄氏

左から海江田万里氏、大下英治氏、行徳哲男氏と著者

宮司）、池口恵観氏（高野山真言宗別格本山清浄院 大阿闍梨 大僧正 法主）、山口良治氏（伏見工業高校ラグビー部総監督）、仲松健雄氏（東京・沖縄県人会会長）、アントニオ・古賀氏（歌手・ギターリスト）、和泉節子氏（狂言和泉流宗家会理事長）、宮田修氏（モンゴル相撲協会顧問）、なべおさみ氏（俳優・作家）、富田正敏氏（日本地方新聞協会会長）、小田天界氏（日本歌謡芸術協会理事長）、金山秋男氏（元明治大学教授）を含め１３６名（肩書は当時・順不同）。

新しい令和の時代、人々の「しあわせ」を真摯に求める活動を続けている私たちは、様々な政治・宗教を超えた「超宗派」とも呼ぶべき活動を力強く推進して、元気よく令和の時代を築いていきたいとの想いを持ち続けています。

日本は、戦後の焼け野原から高度経済成長を成し遂げ、世界有数の経済大国となりました。しかし、物質的な豊かさとは裏腹に、心の豊かさや人間関係の希薄化などの問題も生まれてきました。人々の幸福感は「モノ」から「ココロ」へと移り変わっているのです。

「令和しあわせの会」は、このような時代背景を踏まえ、多角的な活動を通じて、真の幸福な社会の実現を目指しています。政治、文化、芸能、宗教、科学、学問、事業、ボランティアなど、様々な分野で活躍するメンバーが、世の中の安寧と世界平和のために尽力しています。

『令和しあわせの会』を記念した機関誌の表紙
（2019年11月21日刊）

約一万年前の縄文時代より、日本人は自然を崇拝し、太陽を「お日様」「お天道様」として慕い、そして「八百万《やおよろず》の神々」が祀られている神仏に祈願して「しあわせ」を願ってきました。

今「神社仏閣ガール」や「御朱印ブーム」が起きていますが、これは単なる流行ではなく、信仰心とは異なるアプローチで心の支えを求めている人々の現象と私は捉えています。こうした若い人たちが神社仏閣に関心を持ち、訪れていることはたいへん喜ばしいことであり、新しい時代の役割を考えるヒントを与えてくれます。この現象は日本人だけではありません。3000万人ともいわれる海外からの旅行客も、心の拠り所を求めて日本を訪れています。高野山や四国八十八カ所霊場めぐりなど、宗教的な体験を求める人も増えているのです。

宗教は、宗派を超えて、人々に「しあわせ」と心の拠り所を提供します。私は、「ハピネス・ハーモニー」（幸せの調和）が求められる現代において、宗教の役割はますます重要になっていると考えています。「令和しあわせの会」の副会長として、これからも宗教界の立場から、私なりに人々の幸せと世界の平和のために貢献していくとともに、より多くの人々が「空海」と触れ合い、誰もが「空海」の教えを学んでいただけるよう、令和の時代における新しい宗教の役割を果たしていきたいと考えています。

私は新しい時代の布教手段として、空海の教えをインスタグラムやユーチューブ等のＳＮＳを通して世界に発信し、平和の尊さを次世代へ正しく伝えていくことで、世界平和実現に貢献する活動をしています。すでにインスタグラムは「空海玄津」または「玄津の空海塾」として2000回の投稿を行い、日々の修行の一つとして実践してきました。

ソーシャルメディアは一瞬にして世界に繋がります。空海の教えを発信しているのは、平和の大切さを正しく次世代に伝え、真の世界平和の実現を信念として、今後も覚悟を持って一回限りの残りの人生を精進していきたいと思っています。

世界人類の平和を願って

宗教は、本来人々の幸せと世界平和のために存在します。修行を積んだ聖職者は、人々のために活動すべきです。しかし、近年は、本来の姿とはかけ離れた出来事が多く見られます。

特に、世界各地で宗教間の争いが絶えず、戦争まで起きているのは悲しいことです。世界平和を実現するには、大きな影響力を持つ宗教が、自分たちの問題を解決し、本来の姿を取り戻すことが必要です。

宗教界の問題は、宗教者自身で解決すべき課題です。そもそも宗教は、人類の精神的な支えであり、世界平和に欠かせません。宗教間の対話と交流を積極的に進め、理解を深めることで対立をなくし、協力関係を築くことが必要です。そのため、国内外を問わず、仏教界の高僧の方々とお会いする機会を得て、さらなる活動を行ってきました。

その活動の一つ、「世界人類平和祈願の鐘」の推進事務総長も私のお勤めです。

世界中の人々が、いつまでも平和で幸せに暮らせるように、毎年8月15日、「世界人類平和祈願の鐘」が鳴らされています。この鐘の音色は、世界中の人々に平和への願いを届け、戦争のない世界の実現を訴えています。

「世界人類平和祈願の鐘」は3種類あり、それぞれ設置場所が異なります。

大鐘は、朝鮮半島の南北境界線に設置を目指しています。南北分断という悲劇を乗り越え、朝鮮半島の平和統

「日韓友好平和の塔」と「世界人類平和祈願の鐘」　永年事業の中心として活動された釈泰然会長（写真右）と佛教大学の元学長・水谷幸正氏（写真中央）と著者

一を願う象徴です。中鐘は、京都の高麗寺にあります。高麗寺は、朝鮮半島と深い繋がりを持つ寺院であり、日韓の友好親善の架け橋となることを願って建立されました。小鐘は、日本全国の47都道府県と、世界各国の主要都市での設置を目指しております。世界中の人々が、平和への願いの共有を意図しており、雪彦山千光寺総本山や白浜千光寺別院にも、「世界人類平和祈願の鐘」の小鐘が展示されています。

また、朝鮮半島の南北境界線38度線上に、世界最大の「世界人類平和祈願の鐘」を建てる計画が進んでいます。この大きなプロジェクトは、1977年（昭和52年）頃よりこれまで、在日本韓民族仏教徒総連合会の釈泰然《シャクタイネン》会長を中心に進められていましたが、残念ながら釈管長猊下におかれましては、2024年（令和6年）5月17日に永眠されました。

そして、この活動を支えたのが、佛教大学の元学長である故・水谷幸正先生です。水谷先生は、仏教学者として活躍するだけでなく、日韓の友好親善にも力を注がれ、「世界人類平和祈願の鐘」の活動にも深く関わり、平和への願いを形にするために尽力しました。

なお、朝鮮半島の南北統一を願う「世界人類平和祈願の鐘」の事務局は、大阪の四天王寺にあ

著者59歳　千光寺白浜別院にて

ります。建立の発起人会日本側代表として、宗教法人和宗総本山・四天王寺森田禅朗管長（肩書は当時）と、水谷先生をはじめとする仏教界・政界など各界の重鎮の皆様方に混じり、１９９７年（平成９年）当時まだ33歳の若造だった私も、この鐘の建立に関わる事務総長として平和活動に勤しむこととなりました。

この「世界人類平和祈願の鐘」を推進する日韓友好平和の塔を守る会の会長を務めていたのは、四天王寺の１１０世管長、出口順徳管長猊下でした。このご縁もあり、私も事務総長として四天王寺へ何度も足を運ばせていただきました。

四天王寺は推古天皇元年（５９３年）に建立された、歴史を持つ古刹です。「聖徳太子」が物部守屋《もののべもりや》との戦いに勝利した際に、四天王像を彫り、「勝利後は四天王を安置する寺院を建立し、人々を救済する」と誓願したことがその起源と伝えられています。

こうした私の宗教活動が評価され、２０１８年（平成30年）６月、私は世界宗教連合会の副法王に任命されました。ますます私のお勤めは重くなっていきますが、積極一貫の精神で頑張ってまいります。

仏教が脈々と息づくアジアの国々への旅

私は若かりし頃から、時間を見つけてはアジア各国を旅し、仏教の秘密の教え「密教」の神秘を探求してきました。タイ、中国、シンガポール、韓国、モンゴル、チベット…。仏教が息づく国々を訪れ、その文化に触れてきました。

それらの国の中から、タイとモンゴル、この両国について印象深い思い出や足跡をご紹介しましょう。

私は、今から34年前、１９９０年（平成2年）29歳の時に、仏教の秘密の教え「密教」を追究する旅路の途中で、微笑みの国タイを訪れました。タイは国民の9割以上が仏教徒という仏教国であり、その信仰は憲法にも定められています。黄金の仏塔に仏舎利《ぶっしゃり》（ブッダの遺骨）を納めたバンコクの「ワット・プラ・ケオ」をはじめ、タイには約3万もの寺院が存在します。寺院は単なる信仰の場ではなく、学校や市場が併設され、地域のコミュニティの中心として人々の生活を支えています。

タイの人々にとって、寺院は喜びを分かち合い、感謝の気持ちを捧げる場所であり、知識を与え、悲しみを癒し、活力を与えてくれるかけがえのない存在です。

しかし、インドより「大乗仏教」として中国を経由した日本の仏教とは異なり、タイの仏教は「上座部仏教」と呼ばれる系統に属します。「上座部仏教」では、誰でも成仏できるという「大乗仏教」とは異なり、出家して厳しい修行を積んだ者だけが成仏できると説かれています。この教えに基づき、タイには約30万人の僧侶が存在します。

輪廻転生《りんねてんしょう》を信じるタイの人々にとって、良い来世を迎えるためには「徳」を積むことが重要です。そのため、一般の人々は僧侶に対して、それぞれの経済状況に合わせて喜捨《きしゃ》（布施《ふせ》）を行います。結婚式や葬儀、開店や新築祝い、年末年始など、人生の節目節目には僧侶を招いて「タンブン」と呼ばれる喜捨の儀式を行い、功徳を積みます。

タイでは、仏教に対する感覚が日本よりも遥かに厳格です。僧侶になるには出家して修行を積み、一生涯結婚することはできません。女性は僧侶に触れることすら禁忌とされ、徳や悟りを失う恐れ

著者29歳　「密教」を追求する旅の途中、訪れた「微笑みの国」タイにて

があると考えられています。これらの戒律やタブーは、タイの人々にとって仏教徒としての責任感を示す重要なものとなっています。

私が何度か訪れ38年前に撮影した写真を見返すと、当時のタイの人々の信仰心や、寺院における厳かな雰囲気を鮮明に思い出すことができます。興味深いことに、欧米人観光客がこれらのマナーを破っても比較的寛容に受け止められる一方、日本人観光客には厳しい目が向けられる傾向がありました。宗教的な文化や習慣の違いに対する理解の重要性もあらためて実感した次第です。

草原の国・モンゴルもまた、深い縁を感じる国の一つです。

モンゴルは、中国とロシアに挟まれたモンゴル高原北部に位置する内陸国です。日本の約4倍（156平方キロメートル）もの広大な国土に、約270万人が暮らしており、その4割が首都ウランバートルに集中しています。しかし、今でも広大な草原には遊牧民が移動式住居「ゲル」で暮らしています。

モンゴルといえば、私の友人である旭鷲山関（元モンゴル国会議員）が、モンゴル人として初めて相撲取りを目指して来日し、大活躍したお陰で、日本でも親しみのある国となりました。その後、朝青龍関や白鵬関のような力士が登場して、日本の相撲界を湧かせた

モンゴルの空港に迎えに来て頂いた
白鵬関と著者

ことは、ご存じかと思います。また豊富な資源があることで日本でも注目を集めています。

1992年（平成4年）に制定された新憲法では、信教の自由が保障され、社会主義時代には衰退していたチベット仏教が復活しました。私は、この機に乗じてモンゴルへ行き、それからチベットを訪れました。その後、仏教の国際交流を深めるために、私が53歳になってからは積極的にアジア各国の僧侶との交流活動を続けています。

2002年（平成14年）4月23日、私が42歳の時には、モンゴル政府から招待され、モンゴル大学から名誉博士号を授与されました。同日には、日本・モンゴル外交関係樹立30周年を記念して、日本・モンゴル友好協会会長で表敬訪問団長を務めた故・海部俊樹元総理や、同協会議員連盟会長の故・羽田孜元総理と約20名の議員連盟団とともに、私はモンゴル政府を表敬訪問しました。その後、全国アパホテルチェーンの元谷外志雄会長と、いつもオシャレな帽子を被っている芙美子社長と一緒にモンゴルやイタリアへの視察旅行にも行きました。日本とモンゴルの間では、2010年（平成22年）から首脳・外相レベルの会談が頻繁に行われています。日本人の短期滞在ビザ免除など、両国の関係はさらに深まるばかりです。

モンゴルの空港にて。左前から２番目・海部元総理、
４番目・羽田元総理、一番右が著者

また私は、2017年（平成29年）7月に、イギリスのケンブリッジ由来の永い伝統を誇る、アメリカ「国際学士院大学」博士号のディプロマを授与され客員教授を拝命しました。翌2018年（平成30年）3月には、日本文化振興会により国際文化の振興に多大な貢献が認められ、最高文化賞・勲章を賜りました。

そして、前述した世界人類の平和の目指した功績により、同年7月9日、私は僧侶としての「世界人類の平和活動」や密教の布教活動の功績を認められ、チベット仏教ゲルク派の法王であるダライ・ラマ14世より感謝状を賜りました。

さらに同年12月、世界平和をもたらす努力とすべての人々への献身、真の関心をもって行われた進歩的な成果が認められ、「ユネスコ」「ユニセフ」「ユニシード」「国連ニュース」「国連平和教育協会」の国連NGO5団体により、平和賞を授与されました。

すべての事業（経営者）から引退した53歳頃からの約10年間、私は宗教的な活動に専念し、令和しあわせの会、沖縄の戦没者慰霊や、世界人類平和活動を通じて数々の功績が認められ表彰されました。これはすなわち、何にでも一生懸命に活動した結果だと感謝しております。

現在、私は58歳の2019年（令和元年）より温めていた空海ゆかりの千光寺納骨堂を東京都豊島区北大塚に建設する計画を進めております。これは、空海への信仰心を深め、人々の心の拠り所となることを目的としています。納骨堂には、空海ゆかりの仏像や曼荼羅を安置し定期的に法要を行う予定です。

また、納骨堂の利用者向けに、各種の仏教行事や研修会も開催する予定です。

今後も一層精進し、92歳まで生涯現役を目指し、あと29年間は実業家との二刀流ですが、「積極一貫」で千光寺のヘッポコ和尚として、「人生は一回限り、私のできることは全部やる」の信念を持って、世界の平和のために活動を進めてまいります。

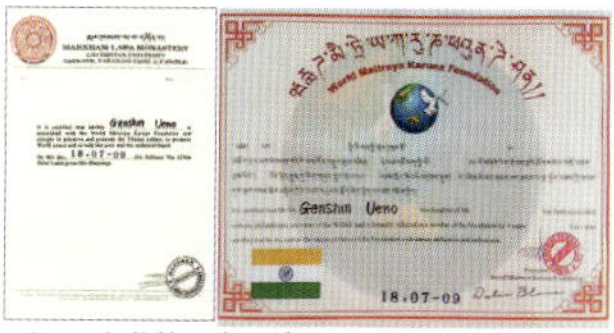

チベット仏教の法王ダライ・ラマ14世より、世界平和や密教の布教活動の功績が認められ感謝状を賜る

イギリスのケンブリッジ由来の永い伝統を誇るアメリカ「国際学士院大学」博士号のディプロマを授かる

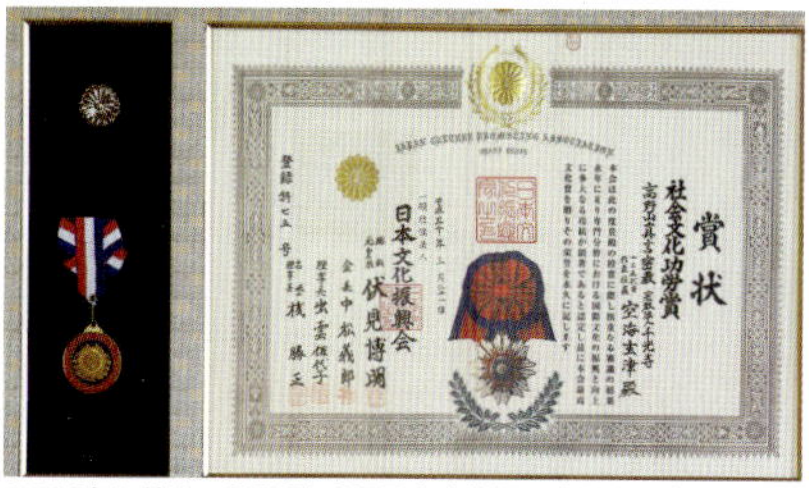

2008年に続き、2018年3月日本文化振興会より国際文化の振興に多大な貢献が認められ「空海玄津」として最高文化賞・勲章を賜る

世界の平和活動に貢献したことにより世界宗教連合会副法王に任命される（2018年6月）

国連NGO5団体より平和賞を賜る

著者28歳　1990年（平成2年）12月８日　130坪・134席ハンバーグレストラン
「アンフィニ」チェーン（大阪本店）

最終章

私の人生最大の反省、そして七転び八起き

私は、「積極一貫」命ある限り現役

私の一回限りの人生「やりたいことは全部やる！」

私の人生設計を狂わせた大震災

1987年（昭和62年）、私が26歳当時のリゾート地での不動産販売は、梅雨時の6月20日頃から、夏休みで車が大渋滞となる8月にかけて、そして12月のクリスマスから正月までの年末年始にかけては、売上・入金が下がり、経営が安定しない状況がありました。

そこで、年間を通して経営の安定を図るために私は事業の多角化を決断し、外食産業に参入することにしました。不動産販売の売上が落ち込む時期に、飲食産業は逆に驚異的に売上が上がるトップシーズンを迎えます。しかも日銭の商売です。季節指数が真逆の2つの事業により、年間を通して安定したキャッシュフローを確保する仕組みを考えたのです。

著者が26歳でオープンした「はんぶんこ」チェーン店舗

私は、グループ会社の年商100億円を目標に掲げて、飲食店舗の開発と出店に速やかに着手しました。1986年（昭和61年）から1989年（平成元年）に、はんぶんこチェーン「お好み焼き屋・はんぶんこ」「割烹居酒屋・はんぶんこ」「レストランバー・HALF&HALF」「寿司バー・にぶんのいち」ラウンジ「にぶんのいち」カラオケステージ「ハーフ&ハーフ」を、矢継ぎ早にオープンしました（巻末の店舗一覧表をご参照ください）。

私が展開した外食産業への参入ポイントは、潰れた店舗や赤字店舗を安くキャッシュで買取り、リニューアルして、再オープン（店舗の業態変更も含む）することです。そして、独自のノウハウで売上を次々に倍増していく、まったく新しいビジネスモデルでした。

しかし、思うようにはいきません。飲食店は他の業種に比べ最も廃業率が高く、調査データによると、開業から3年以内の廃業率は約70％、10年以内の廃業率は90％以上だそうです。私が手掛けた飲食店も例外ではなく、鳴かず飛ばずのままでした。

ただ、その程度で諦める私ではありません。みんなが上手くいかないのであれば、私が成功してみせると燃えたのです。そして、国民食とも言われるハンバーグに目を付けました。これも「引き寄せ」の力だと思いますが、探しに探して日本一だと本人が言う料理人を見つけました。食べてみると本当に美味い。そのレシピをさらに工夫して独自のメニューを開発しました。これならヒット間違いなしと自信を得た私は、1店舗の繁盛店をつくるのではなく、最初から直営の多店舗チェーン展開を目指して、事業化を図ります。

そして１９９０年（平成2年）、私が28歳の時に、ファミリー・ハンバーグレストランの大型店として、「アンフィニ」を神戸店（78坪１１０席）、そして和歌山店（１８０坪２５０席）をオープンしました。そして同年12月には、「アンフィニ本店」（１３０坪１３４席）を大阪府吹田の東急ビル地下にオープンします。この本店は、店内すべてホンモノのログハウス設計です。当時、私は各分譲地で健康住宅ログハウスの普及に力を注いでいました。当時、ログハウスはまだ珍しく、知名度はあっても、ほとんどの人が体験したことがありませんでした。そのため、モデルハウスとしてログハウスの素晴らしさを実感していただきたかったのです。地下1階にあるログハウスのファミリーレストランは、大人気店となり、駐車場がないにもかかわらず、本店のみで僅か2年間で驚異的な約40万人の来店動員を記録しました。テレビや週刊誌が押し寄せて来たため、全国区で有名になりました。

著者が28歳の時にオープンした「アンフィニ」チェーン店舗

1994年（平成6年）7月、私が33歳の時には、南海電鉄グループが大阪府堺市につくったショッピングセンター「しんかなシティ」の核店舗にしたいとの誘致話があり、「アンフィニ新金岡シティ店」（93坪140席）をオープンしました。

その後、立て続けに兵庫県加東市において、郊外型の大型複合施設をつくりました。ハンバーグの「アンフィニ」（60坪85席）を中心として、活魚すしバー・焼肉レストラン等、人気の飲食店を集めました。

その時点で、「にぶんのいち」チェーンと「アンフィニ」チェーンの直営店約50店舗（詳しくは、巻末の店舗一覧表をご参照ください）の合計売上だけで47億円となり、外食事業部の売上は、50億円を超えるほど急成長を続けました。「まちづくり事業」である大型分譲地の不動産売上62億円と合計すると100億円を突破したのです。

飲食店事業は、私が一貫して夢を追いかけている「まちづくり事業」の季節変動対策として立ち上げたものです。その飲食店事業が

ハンバーグレストラン「アンフィニ」和歌山店（180坪・250席）の超大型店舗

大成功したのは、私が飲食店経営に興味を持っていたこともありますが、何をやるにしても、いざ始めたら積極一貫で徹底してやるという私の性格も強く影響していたと思います。

そうなると、勢いは止まりません。毎月、直営店舗を新規オープンし、67店舗規模チェーン店を擁する大きな外食事業となり、全体で毎日６７００人、月に約20万人以上の来店客を迎えるまでに成長していきました。私の夢は大きく膨らみます。北海道から沖縄にかけて全国４２０店舗展開という目標を立て、１９９４年（平成６年）12月には今後の出店計画として、「アンフィニ尼崎駅前店」「アンフィニ梅田店」「アンフィニ天王寺店」「アンフィニ奈良学園前店」「アンフィニ関西新空港店」を、平成７年夏休み前までに順次グランドオープンさせることを目指し準備しておりました。

ところが、宇宙船をイメージした超人気店「アンフィニ神戸店」をはじめとする大型店をオープンしたばかりの神戸エリアに思いもかけず壊滅的な災難に直面します。平成７年（１９９５年）１月17日午前５時46分、阪神・淡路大震災が襲いかかったのです。好事魔多しとは、本当によく言ったものです。

大震災によって、出店計画は断念せざるをえない状況となり、涙が出るほど悔しかったことを今でも思い出します。あのまま出

被災前の「アンフィニ」神戸店（78坪・110席）

店計画が進み、全国420店舗の飲食店をオープンできていたら、私の人生はこれほど苦しまないでよかったのかもしれません。

阪神・淡路大震災は、淡路島北部を震源とした最大震度7の揺れが兵庫県南部地域を襲い、6434人の尊い命が失われ、行方不明者3人、負傷者4万3792人という未曾有の大災害となりました。

兵庫県全域、特に明石市・神戸市・東灘区・芦屋市や伊丹市ならびに大阪府など広域にわたった近畿エリアを巻き込んだ大都市直下型地震によって、家屋やビルは倒壊、高速道路の倒壊、ライフラインや交通インフラも寸断され、甚大な被害をもたらしたのです。経済活動も大きな打撃を受け、復旧には長い年月が必要と予測されました。

私の各事業も例外ではなく、震災によって大きな打撃を受けました。行列ができるほどの売上集客を誇る大型店

震災により阪神高速神戸線の高架が落下し、転落寸前のバス
(Photo by The Asahi Shimbun via Getty Images)

舗は軒並み被災し、私が所有していた神戸のビルも火災で消失しました。被害は壊滅的でした。全壊9店舗、半壊12店舗という繁盛店を失い、他の店舗も食材の流通問題等により閉鎖に追い込まれ、僅か1日で47億円の損害が生じたのです。

まさに天国から地獄へ突き落とされるような出来事だったのです。店舗の修復費用等は想像を絶する莫大な資金が必要となりました。火災保険には加入しており大丈夫だと思っていましたが、実際には、地震からの火災に対して保険は下りず、公的資金の借り入れも対応しきれず、再起不能と思われる莫大な損害となったのです。

社会に出てから、思うがままに突っ走ってきた私にとって、想像すらできない不運でした。まちづくり事業（再整備事業・不動産販売・ログハウスの建築）、そして外食産業の「ハンバーグレストラン事業」の他に、ホテル事業、アパレル事業、「新・田舎暮らし大学」等の教育分野にも進出し、瞬《また》く間に、グループ会社の売上は120億円に達しました。そして、若干30歳にして、目標としていた本社ビルを新大阪に建てることもできました。銀行からの借り入れをほとんどせ

著者が30歳で建てた新大阪の本社ビル

ずに、ここまで事業を伸ばしてきたのです。
その成果が、たった1日で崩れ落ちた、絶頂期に遭遇した大震災。不運としか言い様がありません。しかし、すべてを不運のせいにはしたくありません。私にも落ち度があります。あまりにも自信があり過ぎたため、危機管理を疎《おろそ》かにしていました。というより、頭の中に万が一に備える意識がまったくなかったのが正しいかも知れません。

成功した青年実業家はいきなり転落し、1995年（平成7年）4月放映の人気のテレビ番組「日本の社長の大失敗」に出演することになりました。34歳の時です。まさか大失敗をテーマにした番組に出るとは思いもよりませんでした。何の得にもならない出演依頼を、平気で引き受けた私も私ですが。

その後、私は再び事業を成功させます。大失敗社長としてテレビに出てから7年後（41歳）、今度は、事業に成功した青年実業家として、当時話題になっていたテレビ番組「マネーの虎（2001年～2002年）」にレギュラー出演す

各戸天然温泉付の琵琶湖「和の里」エリア

ることになりました。この番組は、起業の夢を持つ人たちの間で大人気となり、私はちょっとした有名人になりました。今でも、「マネーの虎の上野さん？」と、見知らぬ人から声を掛けられることがあります。エレベーターで地下と屋上を一気に落ちたり上がったりするように思えるかもしれませんが、私にとっては、それで良しなので気にもしていません。したいことを全部、徹底的にやった結果であり、それが私らしい生き方だからです。

話を戻します。阪神・淡路大震災で大被害を受けた私は、直ちにリストラクチャリング（企業の再構築＝再生）に取り組みます。多角化した各事業の整理です。

ただ、絶対に守り継続させなければならないのは、「まちづくり」の中心となる不動産事業部と私設水道を維持管理する分譲地管理事業です。分譲地には、私のまちづくり構想に期待して土地・家屋を購入していただいた多くの方々が住んでおられます。その大切なお客様を守る事が何よりも私に課せられた事業だからです。

私は、まず直営の外食事業部やフランチャイズ事業部、ジュエリー事業部、アパレル事業部、国際流通事業部、立体駐車場事業部、トレーラーハウス事業部等、多岐にわたった事業からすべて撤退することを決断しました。

そして、大地震で被災しなかった各店舗を頑張っていただいた幹部社員や店長等の従業員に無償で引き渡すなど、各事業部で働いていた社員にできる限りのフォローを行いながら、事業の縮小を行いました。このような大変な事態の中、唯一の救いは、大震災で従業員、アルバイト、パートの方々やその家族に、被害に遭われた人がいなかったことです。また、全社員総出で、不動産の顧客や店舗のあるエリアの被災地へ救援物資を届けられたことも、不幸中の幸いでした。

しかし、理由は何であれ事業責任者は私です。自責の念は重いものがありました。そこで私は、自分自身の「葬式」を行いました。そうすべきだと。心の奥底からもう一人の私の叱咤の声が聞こえたからです。

そして、空海ゆかりの千光寺の責任役員として、被災した神戸市兵庫区会下山の千光寺総本山の再建、復興事業に没頭することにしました。精神世界の中で、私自身を磨かなければならない。修行をすべきだと考えたのです。

私が21歳で独立した１９８２年（昭和57年）当時、そして起業した24歳当時は、独立する資金を確保する、あるいは飲食店を1店舗オープンするだけでも大変だったのです。

今から40年前の１００億円の売上は、現在

著者の墓所で自分自身の葬式を上げ、心機一転の決意を固める

の貨幣価値に換算すると約３００億円くらいになります。私が生涯で稼いだ売上は２６６０億円で、換算すれば約８０００億円くらいとなります。しかし重要なのは、お金を稼ぐことより、日本人として社会の役に立つことであって、現代の「儲かれば、何でもあり」のような風潮になっていることが、とても残念です。

お金はもちろん大事ですが、63歳になった今だからこそ切実に思うのは、それよりも自分自身が描いた夢や目標を目指すことに価値があるということです。それは、単に「お金持ちになる」だけでは、毎日を楽しいと感じることはできないからです。

お金持ちになっても幸せだとは限りません。むしろ、私の経験や友人を見てみると、かえって「不幸」に思えます。人生で大切なのは、「何かに積極的に向かっている時」です。その時の方が、人は「心」穏やかになり、幸せを感じ感謝する気持ちが芽生えるものなのです。

例えば、旅行だって、一番楽しいのは計画を立て準備している時です。夢を追いかける過程こそが、真の充実感と幸福感を与えてくれます。

お金は夢を叶えるための手段であって、人生のゴールはあくまでも「夢」であり、その「目標の達成」への過程が楽しいのです。その楽しさから「感謝」の気持ちが生まれるのです。

不動産事業での反省と再起

私が手掛けた全国78ヶ所のうち、大型分譲地の不動産販売のみの分譲地を除いて、全国53ヶ所の大型分譲地で、自治管理組合方式によるCCZプロジェクトは導入されました。そして休眠分譲地は生き返りました。その後、各分譲地は「維持管理」の段階に入ります。マンション完成後の管理業務と同じで、住む人がいる限り、とても大切な業務です。

その管理業務で、想像すらしなかった大問題が発生する事態が生じることになります。

大型分譲地（約1000区画以上）の再開発や、インフラの再整備事業とその後の私設水道等の維持管理は、「受益者負担の原則」により、分譲地の土地・家屋所有者からの費用負担で賄われます。

休眠分譲地に建築ラッシュが始まる

ＣＣＺプロジェクトにより、資産価値ゼロだった土地が、再開発の成功により一坪8万円～15万円に向上し、土地・家屋所有者の方々から大変喜んでいただきました。ところが分譲地を維持・管理する段階で、分譲地の維持・管理に要する費用を支払いされない方々が現われてきたのです。

ご負担いただくのは、受益者負担金（一区画一回限りの87万5０００円～１２５万円）や、道路敷などインフラの維持管理費（管理費）（現在3万3０００円／年）です。その費用を支払わない全国各地の53ヶ所の分譲地内の土地・家屋の所有者が、なんと全体で約22％も存在していたのです。これには私も驚きました。信じられないほどの大きな誤算です。私たちが私設水道や道路を保有する分譲地内の土地・建物を所有されている方々の「受益者の平等な負担」は大原則です。にもかかわらず、費用負担をされない方々がこんなにも多くなれば、経営が成り立つはずがありません。

阪神・淡路大震災により、私たちの不動産事業も相当の被害を被りました。私たちのまちづくり再生事業だけは何としても存続させなければならないと、一分一秒を無駄にせず、目まぐるしく奔走しました。それほど、このまちづくりは私の分身であり、人生そのものだったのです。

当時販売していた分譲地は、被災地となった兵庫県の北神戸（東条北の街）や北姫路（峰山高原自然郷・関レークタウン）地区にあったのです。リゾート地や田舎暮らしを求めて土地を購入し、あるいは、ログハウス建築を契約していたお客様は、その多くが被災者となってしまいました。

幸いにも、分譲地自体は地震の影響を受けていませんでしたが、お客様の住む家は被災し、土地や別荘の購入どころではなくなってしまったのです。ほとんどの契約がキャンセルとなり、約15億5000万円もの売掛金が宙に浮きました。不動産売買契約書上では、手付金は売主が没収できることになっていましたが、被災者となったお客様の苦境を思い、私はすべてを復旧のための基金とすることを決断しました。同時に、不足している「水」や食料などの救援物資をお客様の元に届けることを続けました。被災者の方々を第一に考え、苦しい状況の中でもできる限りの支援を行うことを私は選んだのです。

阪神・淡路大震災に被災した僅か1日で、今まで人の2倍働き寝る間も惜しんだすべての仕事が、外食部門だけでなく、まちづくり部門も大きな打撃を受けることとなり、二重の窮地に立たされました。現金収入が途絶え、店舗の修復費用なども加算すると、想像を絶する47億円という莫大な資金が必要となりました。

阪神・淡路大震災では多くのビルが倒壊し、信じられない光景が眼前に広がった
(Photo by The Asahi Shimbun via Getty Images)

絶望の淵に立たされ、心が折れそうになったその時、ふと私の「心」に舞い降りてきたのが、中村天風先生の教えでした。

困難に直面しても決して諦めず、希望を捨てずに「積極一貫」で立ち向かうことが大切である、という天風先生の教えが、私の「心」に深く響き渡りました。

天風先生の言葉は、まるで暗闇の中に差し込む一筋の光のように思えたのです。その光に導かれ、私は再び立ち上がり、前に進む決意を固めました。どんな困難が待ち受けていようとも、決して諦めない。たとえ何度も倒れたとしても、必ず這い上がり、道を切り開いていくとあらためて決心しなおしたのです。

話は大震災前に多少戻りますが、バブル崩壊直後の真っ只中だった1991年（平成3年）9月9日、お客様からの厚いご支援により奇跡的に乗り越え、不景気なんて屁でもないとばかりに、私は大切なお客様3000人を招待した感謝祭を大阪のホテルニューオータニにて開催しました。当時、政財界や著名人の方々はもとより、お客様や取引先の皆様お一人お一人への感謝の気持ちを伝えたい一心でした。阪神大震災以降も、その気持ちを表すために、資金繰りが厳しいにもかかわらず、東京、埼玉、横浜、熱海、名古屋、大阪、神戸、和歌山、鹿児島など全国各地で感謝祭を敢行していました。

しかし、阪神・淡路大震災の痛手を克服し、再び事業を軌道に乗せて期待が膨らんでいた時に、再び人生の危機を迎えました。不動産事業は、新たな収入源であったリゾート会員権の償還もあり、２００７年（平成19年）にＭ＆Ａで買収合併した北大阪急行「東三国」駅前ビル（大阪市淀川区東三国4丁目1番地22）を売却しても追いつかず、約１０６万坪の販売価格約３００億円の不動産の所有権を持ちながらも、致し方なく、２０１３年（平成25年）８月16日に民事再生の申し立てをすることになりました。

一般的には、民事再生手続は申し立てを行い、途中で破産に移行して会社は終わりです。しかし、お陰様で私は債権者説明会において86％の賛同を得て民事再生手続は終結し、会社は法律に基づき清算を行うこととなりました。その債権者説明会で、今でも忘れられない出来事がありました。私が土下座をしてお詫びした後、債権者の一人が突然立ち上がって、「そんなに苦しかったのなら、なぜ言ってくれなかったのか。少しなら助けてあげられたかも知れないのに」と大きな声で叱られたのです。私は、頭を床に落としたまま、涙を止めることができませんでした。

今振り返ると、約20年前の感謝祭がこうした奇跡を引き寄せたのだと思います。

新大阪・東三国駅前の本社ビル

さらに毎年、「ハッピーリタイアメント」をテーマにした著書を20冊以上出版し、お客様お一人お一人に本を郵送させていただいておりました。そうしてお客様に寄り添い、直接自分の考えを包み隠さず赤裸々にお伝えしてきたことが、私へのご理解となり、信頼関係を築くことに繋がっていたと今思います。本当に感謝の念が溢れるのです。

意外だった裁判所での出来事

２０１３年（平成25年）に東京再生裁判所で民事再生手続を行った当時、私は、独立して約30年、52歳になっていました。

民事再生の申し立てをした当時、会社にはかなりの資産がありました。

私がまちづくり事業で取得した全国各地の大型分譲地の道路敷などの所有権や私設水道施設、また温泉源や温泉施設の底地の所有権の地積は、総計で１，５１９，４６８㎡（約45万９６３９坪、実測面積は約63万坪）ありました。また、道路敷などの管理用地のみの固定資産税評価額は、

2，120，652，594円（約21億円）、当時の販売用不動産や販売区画約50万坪を合わせた不動産鑑定士の仮評価額で約165億円となります。

これだけの資産があるのに倒産などあり得ないはずで、一時的な経営難を乗り越えれば立ち直れると思っていました。法律の力を借りれば会社の再生ができる、という自信があって民事再生手続きを申し込んだのです。

そのため、再生裁判所からは「再生型」の方向で指示があるものと当然思っていました。ところが、全国の分譲地内には約7500戸の家屋があり、生活に欠かせない私設水道からの「水」を供給し続ける必要があるため、スポンサー企業を募集する「清算型」に移行すべきであるとの指導になりました。つまり、会社は清算して、事業は新しいスポンサー会社で継続していくということです。

私は、民事再生後には、心機一転して経営改善を行い、社長としての責任を全うしたいと意欲に燃えていました。しかし、スポンサーを募集するということは、事業も資産もすべて他人の手に渡るということです。

管理会社があってこそ分譲地は守られる

まさか、各分譲地の維持管理事業から私自身が手を引くことになるとは想像すらできないことでした。しかし、再生裁判所の決定であり、このような事態に至ったことはすべて私の責任であり諦めざるをえません。

ただ、それ以上に私が心配したことは、住民の方々が必要とする「水」を安定的に、かつ継続的に行ってくれるスポンサーが現われるかどうかでした。

東京再生裁判所の監督委員は、とても誠意のある方でした。インフラの維持管理を行う会社が消滅してはいけない。存続すべき事業であると評価していただき、裁判所にて信頼できるスポンサーを公募すると、熱意を示してくれました。

そして、集まった約20社の中から福岡に本社を構える小川グループが選ばれました。そのグループの会長・小川精一氏は、この管理事業は社会的な意義がある、上野さんの夢を引継いで頑張りたいと、積極的な意欲を示してくれました。私もこの人であれば安心して任せられると思いました。その後、小川会長とは親しくさせていただき、私も分譲地管理のノウハウを教える仲になりました。必要な時に必要な人が現われる。本当に不思議なものです。

ハートランド管理センターは全分譲地の道路（約60万坪）を維持管理している

そして、再び私のもとに帰ってきた

さて、当時ZKRグループいう名称だった会社の民事再生手続から10年以上が経ちました。その間、私は宗教人として空海の教えを広めるとともに、私自身の修行に努めておりました。

しかしながら、再び私は「まちづくり事業」を再開することになります。安心して分譲地管理をお任せしていた小川グループの小川精一会長が亡くなられて、グループを引き継いだ新社長からKRGランド（旧・環境整備や環境管理）や温泉源開発（現在のハートランド管理センター）が行っている「管理事業から撤退したい」と相談があったのです。

そのため、当時の代表取締役社長の和泉社長が小川グループから独立するために、2017年（平成29年）9月8日「管理事業譲渡契約書」ならびに2018年（平成30年）9月26日に「新・管理事業譲渡契約書」を締結しました。

しかし、私自身もいろいろご支援いただいていた事業譲渡代金等の借り入金を融通していただいていた会社とトラブルとなってしまいます。つまり、近畿圏を中心にたくさんの中国インバウンド向けシティホテルを展開していましたが、コロナ禍の影響で宿泊売上が70％も下がり貸主が倒産しかけ、譲渡担保について裁判となった結果、驚くことにハートランド管理センターが敗訴する可能性が生じました。そのため、２０２１年（令和３年）４月１日、私個人が裁判に参加すると同時に、私は最高顧問・相談役ならびに千光住研（旧ＫＲＧランド）の役員に就任して裁判に参加することにより高裁も勝訴することになりました。

こうして、民事再生手続によりいったんは失ったすべての管理事業を、再び福岡を本店とする小川グループから引き継ぐことになり、私は新体制をつくって、「まちづくり事業」を継続して行うことになりました。伊勢を本店とする新生ＲＥＩＷＡグループの代表に２０２４年６月23日付で正式に就任することにより、すべて私のもとに帰属することとなったのです。

私が、まず取り組んだのは、会社清算の原因ともなった分譲地の維持管理費の未払い問題です。その解決策として、私は未払い者に対して、次のような対策案を提唱しました。

① 再開発・再整備分担金（87万５０００円〜１２５万円）を各自治管理組合を通じて管理センターへ支払った方は、当前に飲料水となる「水」を確保できます。

② 全国約53ヶ所の分譲地内の各戸へ給水する水道（飲料水）は、私設団地専用水道または私設水道管を通水して各戸へ給水する分水方式による公営水道のいずれかになります。しかし、２０２２年（令和４年）１月１日までに受益者負担金をハートランド管理センターへ支払いされ

ていない区画へ「水道」や「飲料水」や「温泉」を引き込むためには、Ⓐ私設団地専用水道の場合は、区画面積1㎡あたり約1万5152円。Ⓑ公営水道の導入の場合は、区画面積1㎡あたり約2万1220円、の支払いが必要です。

③ 家屋を建てる区画には、毎年の管理費（インフラの維持管理に関する費用）を支払いしていただくことを大前提とした上で、まず家屋建築負担金（受益者負担金）を納入していただきます。

④ 右記の③を支払いした上で、私設団地専用水道を宅地内へ引き込む工事と道路掘削承諾書や排水放出許可書などを交付する仕組みです。そのため、各自治管理組合に加入されていない22％の受益者負担金の支払いをしていない未履行区画に対して、家屋建築負担金（再整備分担金）の支払いを求めることができます。

自治管理組合方式による「CCZプロジェクト」により、インフラの再整備を行った分譲地内に家屋を建築する時に受領する金員は、区画平均166㎡として1㎡あたりの平均負担金は12130円になります。現在の対

琵琶湖畔に広がる各戸天然温泉付の
「風車ニュータウン・和の里エリア」の眺望

象区画3万区画すべてに家屋（貸別荘やトレーラーハウスを含む）が建築されれば、約600億円の先行投資した資金の回収（未実現利益）ができる計算になります。現時点で入金されていない区画からの入金ということになりますが、全国各地の「CCZプロジェクト」を導入した分譲地に必要となる、半永久的なインフラを再整備する資金として確保できているのです。

再開発・再整備工事前に再整備分担金（家屋建築負担金）を支払った土地建物所有者と、再整備工事後に家屋建築負担金を支払う方に対して、公平な負担を求めます。

この対策によって、「正直者が馬鹿を見ない」ようにきちんと差別化されたシステムへと移行しました。そして、2022年（令和4年）1月1日より受益者負担金の支払い率の向上と再開発・再整備事業の円滑な推進が可能になりました。1985年（昭和60年）に私が考案したCCZプロジェクトで、誰も成し得なかった事業を成功させましたが、難しい事業だったがゆえに、思いもかけぬ問題に遭遇することが何度かありました。しかし、実際に経験しないと得られない多くのノウハウを得られ、右記の④のような埋蔵金を掘り当てることができたたことは、最大の収穫でした。

この経験と知恵は、私のまちづくり事業の基礎となり、仕事の奥行きをもたらせてくれました。そして、積み重ねたノウハウがさらに大きな力となり、現在保有する約53ヶ所の各分譲地の半永久的なインフラの維持管理や各分譲地の発展のために発揮されることになっていきます。

現在までに、全国78ヶ所の大型分譲地販売と、有力企業とのコラボによるまちづくりを推進してきました。しっかりと軌道に乗った分譲地と、住民自治会がきっちりと機能している分譲地からは撤退し、現在53ヶ所の分譲地において、今後は私設水道の運営などのインフラの維持管理等のために自治管理組合を再構築してＣＣＺプロジェクトを進めてまいります。

現在、私は琵琶湖畔の風車ニュータウンにて、まちづくりに力を注いでいますが、決して順風満帆にきたのではなく、このように様々な経緯を経ているのです。継続は力なりと言いますが、このような事業を継続するのは並大抵ではありません。絶対に成し遂げる、諦めない限り失敗はない、という信念が私を支え続けてくれたお陰です。

米沢藩の藩主・上杉鷹山は「為せば成る、為さねば成らぬ何事も、成らぬは人の為さぬなりけり」という有名な格言を残しています。何かを成し遂げようという強い意志をもって行動すれば、目標達成への道を進むことができるという意味です。

まちづくりは永遠に続いていきます。良いまちが実現できても、さらに次の時代の良いまちづくりを求めて進化し続けるのです。私は現在、63歳です。１００歳時代だから時間はたっぷりあります。実業界では働き盛り、仏教界では青年層です。しかし、あと50年と言われると少し無理な話です。

そこで、思うことは「まちづくり事業」の目標を目指し続けるために、私と一緒にまちづくり事業を行ってくれるパートナーがいれば、より速く目的に近づけることができるということです。私が考案したCCZプロジェクト、各分譲地のインフラ維持管理事業、貸別荘100棟プロジェクト等、まちづくりに必要なすべてのノウハウを引き継いでいただけるなら、私は、惜しみなくすべてを提供するつもりです。

過去を振り返ると気づくことがある

先に述べたように、これまでの私の人生は、まさにやんちゃで破天荒でした。その私が63歳になった今、過去を振り返ると、今まで気づかなかったことが、いくつも見えてきます。

16歳で社会に出てから、全精力を尽くして、夢を追いながら働いてきました。そして、毎日のように葛藤を抱え、苦しんだ時もありました。そんな時、いったい、そのどこが間違っていたのだろうか。どの段階から軌道をずれてきたのだろうかと。一人になってあれこれ考えると、どうしても反省することばかりが浮かんでくるのです。

しかし、私にとって自分を見つめ直したこの期間は、大変貴重で得難い経験となりました。若い頃から無我夢中に突っ走ってきた私ですが、いったん立ち止まることで不思議と新たな世界が開け、見る景色が変わり、様々な考え方に気づき、思いがけない出会いに導かれました。

人間には、生まれた時から備わっている器量というものがあります。これは生涯変わることはありません。どんなに努力しても器は大きくなりませんが、器の中身はどのようにでも変えることができると気づいたのです。

阪神・淡路大震災や民事再生を経験した時、事業家としての私には、その器の中身となる「心」に何か足りないものがあると気づきました。そして、精神修養の期間を取って自分を問い直そうと考え、その間に、空海ゆかりの千光寺の復興や宗教界のお勤めも精力的に取り組みました。

これまでの私は47年間、1日24時間では絶対的に足りないほど頑張りすぎました。ところが、仏教の秘密の教

著者36歳、北姫路・雪彦山に完成した千光寺総本山

え「密教」と出会い、空海を学んで、真言を唱え続けたことで、これまで迷いや苦しみで一杯だった頭の中がスッキリ冴え渡り、とても爽快な心持ちを取り戻したのです。私は、このように仏教の秘密の教え「密教」と出会うべくして出会ったのです。僧侶としての道を歩むことになったことは偶然だったのでしょうか。いいえ、私の人生におけるビジネス道と仏道とは、どこかで必然的に繋がっていた。最初から決められた私そのものの運命であり、「空海」のお導きであると思えて仕方がありません。

また、私が19歳の時に書店で出会った中村天風先生の本『運命を拓く』を読み、とても感動したことがあります。私にとって、大きな転機となった本です。以来、私は中村天風先生の教えを実践してきました。そして、今現在も「生きた言葉」として私の「心」で活きています。

私は、ビジネス界において、精神世界において、またプライベートな世界において、出会うこと、体験することは、1995年(平成7年)1月17日の阪神・淡路大震災を含め、すべて修行の機会であると捉えて、自身の精神を磨くよう心掛けてきました。その積み重ねにより、現在の私がつくられてきたと考えています。

私には夢がある！

今、私にはやりたい夢がいくつもあります。

私自身がやり残した仕事として、伊勢南志摩に広がる海に面した100万坪の「パールランド分譲地（1800区画）」の中に、海一望の高台の約6374坪の敷地に建つ、延床面積約801坪の曰く因縁付きのホテルがあります。かつて、日本住宅公団が建設を始めたものの、工事が中止されたままとなっているこのホテルを、私は早期に完成させオープンさせたいと考えています。

この工事中断のままのホテルは、分譲地の景観を損なっていますが、完成すると分譲地のシンボルになります。分譲地のオーナーの方々も高齢化が進んでいるため、早期に完成させて分譲地の方々にも喜んでいただきたいという想いがあり

建設途中のホテルを再生するCCZプロジェクト

ます。「パールランド分譲地を所有して良かった」と言っていただけるような、活気あふれるコミュニティをつくり上げたいのです。

しかし、私一人では到底成し遂げられない東海エリアの伊勢の大事業です。そこで、私と一緒に夢に向かって推進していただける、名古屋を拠点とするパートナーを切実に募集しています。伊勢を発展させたいとお考えのあなたのお力をぜひお借りしたい。この本との出会いが、あなたにとって何かしらのご縁になれば幸いです。


もう一つ、絶対に成し遂げたい夢があります。それは、会社が民事再生手続となった際、分譲地の皆様にご迷惑を掛けてしまった、また苦しい時にご協力していただいた皆様に対して、少しでも報いたいという「夢」です。

私は今でも、心の中で「申し訳ない」との気持ちを背負っています。その人たちの中には、全国各地の分譲地内に別荘を所有する人がたくさんおられます。その各別荘所有者の方々に家賃収入が得られる貸別荘運営をしていただくことで、老後も継続できる収入を得ていただきたいと、

伊勢南志摩「パールランド分譲地（約1800区画）」（三重県南伊勢町）

貸別荘1000棟プロジェクトを立ち上げています。

現在、その実現に向けて本格的な準備を進めています。貸別荘として貸出すことで、資産運用の一つとしていただけるのなら、少しの恩返しにはなるのではないかと考えており、多くの方々にご参加いただけるようご提案をしてまいります。

この他にも、恩返しのためにできることはないかと日々考えておりますが、実行可能な案があれば、直ちに実行したいという気持ちは、常に抱いております。私が果たすべき夢というか、勤めであるからです。これらの「まちづくり」事業は私が死ぬまでに必ずやり遂げる使命があるのです。

沖縄に対する私の夢

沖縄を何とか発展させたい。これは私の大きな夢です。沖縄のことになると、いつも熱が入ってきますが、私の構想案を述べてみたいと思います。

あらゆる世界が深刻な閉塞状態にある時代においては、活気ある「日本再生」への道筋を示すことが必要不可欠です。その突破口となるのが、こうした社会を改革できる条件を備えている「沖縄」です。沖縄は貧乏県です。それゆえ「沖縄の自治独立」は、地方分権を発展させるモデル県になるべきであり、日本社会再生の鍵になり得ると考えています。

私は、日本の発展のためにも、沖縄に台湾や香港のような「一国二制度」の導入を提唱しています。これは、日本と沖縄の二つの政治体制を維持しながら、沖縄の独自性を尊重するシステムの提案です。沖縄に高度な自治権を与えつつ、日本の一員として繁栄を築くというものです。その提案は、私が41歳の時に出版した『沖縄独立宣言』（2002年〈平成14年〉、心泉社）に、詳しく説明させていただきました。沖縄の歴史、文化、経済状況などを分析し、タックス・フリー・ゾーンを目指した一国二制度導入の必要性を論じています。沖縄の魅力を活かした独自の経済システムの構築、米軍基地の有効活用、国際社会との連携などが重要だと考えています。

沖縄に「一国二制度」を導入すれば“尖閣問題”も解決する!?

その目的を意図した沖縄経済活性化の一環として、カジノ誘致にも取り組んでいます。

シンガポールやマカオ、フィリピンなどアジアの国々では、カジノ産業の導入に前向きに取り組んでおり、新しいカジノホテルも次々とオープンしています。日本では、昨年ようやく大阪府のみに許可が下りました。１９９９年（平成11年）に、石原都知事がカジノ構想を打ち出し、国会でも検討されていた当初、カジノが必要なのは沖縄であるという意見が圧倒的でした。しかし、沖縄自身が、早々に降りてしまい、昨年の最終審査に申し出すらしませんでした。

カジノは単にギャンブルとしてではなく、「総合型リゾート」（ＩＲ）として開発されます。カジノ付ホテル、劇場、ショッピングセンター、飲食店、エンターテイメント施設、交通網などを総合した、いわば「まちづくり産業」なのです。

今、カジノ認可を受けた大阪では、このカジノを中心にしたまちづくりに巨額なお金が動いています。本来、沖縄で投資されるお金でした。そのため、私は悔しい思い

沖縄へのカジノ誘致について話し合う笹川尭先生（右）と
全国勝手連連合会の光永勇会長（中央）と著者

で関連ニュースを見ております。

カジノホテルの建設は、観光客を呼び込み、地域の活性化と地方財政を改善する起爆剤として、雇用創出や税収増に貢献することが期待できる大きなプロジェクトです。

私は、日本船舶振興会「人類皆兄弟」の故・笹川良一会長の長男である元衆議院議員の笹川尭《たかし》氏や、11期（羽田内閣の自治大臣。国家公安委員長などを歴任なされた）元衆議院議員の故・石井一《はじめ》氏、ラスベガス最大のカジノホテルグループ「MGM」のボブ・ムーン会長（当時）らと協力し、誘致活動を進めてきた経緯があります。

笹川先生とは、沖縄ボートピアやカジノの沖縄誘致についても相談させていただき、その実現へ向けて前進させていただきました。石井一先生には、公私にわたりご支援をいただき、日本そして沖縄を元気にするため、数々の貴重なご指導をいただきました。

私は、沖縄でのカジノ実現に本気で動いていました。沖縄独自の魅力を持つカジノ・シティの実現は、沖縄を活性化させるために必要不可欠だからです。

ラスベガスの巨大カジノホテルグループ「MGM」のボブ・ムーン会長と著者

こうした活動を通じて、２００６年（平成18年）、私が44歳の時に『新日本のカジノ産業』（２００６年、しののめ出版）を出版しました。カジノ産業に対する正しい理解の普及と、沖縄にカジノを誘致する必要性を説いた内容です。

２００６年（平成18年）11月29日、45歳の時、私は生まれ故郷である沖縄県浦添市から招かれました。浦添商工会議所設立15周年記念式典が挙行され、私はその記念講演会に講師として「沖縄におけるカジノ産業の行方」と題し講演の機会をいただいたのです。当時沖縄県知事であった稲嶺恵一氏も参加され、沖縄へのカジノ誘致というテーマに大変注目が集まりました。

現在のところ、こうした私の努力は実らず、沖縄のカジノ構想は潰れてしまいました。しかし、大阪に続いてカジノ認可が下りるチャンスは必ずやってきます。沖縄県が諦めても、私は絶対に諦めません。沖縄にカジノ（IR）は必要であり、必ず実現すべきだからです。

もう一つ、沖縄で実現したい夢があります。

２０２４年（令和６年）６月23日、私は世界的な気功

多くの貴重なご指導をいただいた石井一先生と著者

の大家である梁蔭全《リャンインツェン》先生の、東京都足立区北千住にある金光萬仏殿（東京古禅美術館）を訪れました。

金光萬仏殿には、紀元前1800年から東漢王朝～清朝後期、そして東南アジアの王室に至るまでの古代仏像が1万8000体、約1000億円相当の美術品が収蔵されていて、とてもビックリしました。梁先生は39年という月日をかけて、これらの仏像を収集し、『唐密古代仏の壇（プライベートの壇）』と呼ばれる、世界でも類を見ないユニークな宇宙エネルギーフィールドを創造されております。

今回、私が梁先生を訪ねた目的は、沖縄の発展に少しでも貢献するために、首里城に隣接するエリアに、この1万800体の古代仏像を展示する「世界一の博物館」を建設する計画について話し合うことでした。梁先生の著書には、『気の超科学』（講談社）、『気のパワー』（同文書院）、『気のすべて』（日本文芸社）など多数ありますので一読をおすすめします。

金光萬仏殿にて梁蔭全先生と

私は、現在もこうした活動を積極一貫に続けています。それは沖縄への熱い想いがそうさせるのです。沖縄は世界的にみても今後ますます重要になると考えています。沖縄の発展は、日本ひいては「世界人類の平和」にも繋がるのです。

自分らしく生きる

自分らしく人生を楽しみたいと、とにかく明るく「積極一貫」で突き進み、何度も大失敗をしてきました。しかし、そこで終わりでなく、再起ができてからが、私自身の真価が問われると確信しています。

一度しかない人生、やりたいことは全部やり通すのが、私のスタイルです。

現世はつかの間。私の場合、92歳まで生きたとして、あと29年しかない時間を難しい仕事をしながら残りの人生を楽しまなくてどうする？との思いでいっぱいです。

そして、私は最後の日まで楽しむために、最後まで健康で元気に、毎日を忙しく積極一貫で過ごしたいのです。

世の中には、大きな失敗をした後、復活を目指して前を向いている人たちがたくさんいると思います。彼らが諦めずに実践していることは、他の人と決定的にどんな違いがあるのでしょうか。困難に遭遇しても後退せず前向きに明るく、そしてどのように「幸せを感じる力」を手に入れようしているのでしょうか。

私は、これからの第三の人生にますます多くの「夢」や「目標」が膨らむ一方です。

そのパワーの源泉は、夢はあるけど自信を失くし、日々悶々としている悩める人々とともに、これからの明るい未来を思い描きたいという想いにあります。

現在63歳の私が、会社の経営者として、92歳まで現役を貫く実業家と、千光寺のヘッポコ和尚である宗教人としての二足のわらじの二刀流で、次の世代のリーダー育成に向けて奔走し続けられるのは、あと29年しかありません。まだまだ、やりたいことはたくさんあるのです。

これまでの道のりを見つめ直し、自分の原点であった探究心を絶やすことなく、自分らしく残りの人生を楽しみながら積極的に歩んで行きたいと思っています。

そして、悠久の歴史を讃える、琵琶湖畔の滋賀県高島市や三重県の南伊勢町を舞台に、あらゆる世代の人々が、自分らしく、一生こだわり続けられる暮らしに寄与したいと考えています。

幸せになる階段の昇り方

人生の最大の目標は「幸せ」の実現です。その大きな目標に近づいていくためには、仕事や人間関係、健康や自己啓発など、様々な目標を立てて幸せへの階段を上っていく必要があります。

私が目標を持つ時、すべて大きなビジョンを持ちます。今の自分の能力が1だとすると、その10倍のビジョンを持つのです。そして、その目標を10分割して、小さな目標に変えていくのです。小さな目標であれば達成はできます。その分割した目標を、階段を登るように一段ずつクリアしていくのです。目標を一つずつ達成するごとに、自分が成長していく様子がハッキリと見えてくる。そして、いろいろなミスや失敗に気がつき修正していくので、次の階段を登るのが、段々に容易になり、大きな目標に近づいていけます。

これが、目標を達成するための第一歩です。次のポイントは、目標設定をしたら、「信念」を持ち「覚悟」を決めて「実行」することです。そうすれば人は変わり、そして成長します。

目標を目指していると、困難な壁に直面することがあります。その立ちはだかる壁を乗り越えた時、さらに大きく人は向上していきます。そして、さらに大きな目標へと上限を次第に高くできるのです。

私は、「明るい」自分らしさを見失わず、型にはまらない生き方を常に求めてきました。自分自身の価値観や個性に基づいて、自分らしい生き方を見続け、楽しく毎日を「今日しかない」と生きてきました。それが、私の「幸せ」実現の方法だからです。

人間は、他人の経験を自分の知識へと変えることができる能力を持った「特殊」な動物です。もし、幸せになるための階段が見つからなければ、すでに他者が成し遂げたものを見習って、そこから自分なりに考えて試してみることです。それがない場合は、工夫して自分でつくってみることです。

私は、真に歩むべき人生を問いながら、歩き続けています。これからどのような道が開けるのか、そして、その道をどのように進んでいくのか、「今」楽しみでしかありません。

自分らしく生きたい！

そう思えた瞬間から、自分らしい生き方を実践してみることです。そうすれば、「楽しむための毎日の暮らし方」が見えてくるはずです。そして、きっと人生を楽しんでいる自分に気づくはずです。その繰返しにより「幸せを感じる力」が育っていき、ホンモノの幸せ実現に近づいていくのです。

意外に思われるかも知れませんが、何を目標にするにしても、目標達成の最大のポイントは「感謝」の気持ちにあります。人は一人では生きていけません。周りの人たちに「感謝」の気持ちを常に持てば、必ず人生は幸せの方向に変わるのです。

「積極一貫」やりたいことは全部やる！

私は、第三の人生はあと29年という時間を見据えて実業界で活躍するために、現在、ＲＥＩＷＡグループの代表に就任しております。また、２０２４年（令和6年）6月24日、滋賀県高島市に秀真《ほつま》建設株式会社を設立し、代表取締役にも就任させていただきました。これから92歳まで現役を続けると決意しています。

私は今この瞬間から大きな夢、そして誰もが羨《うらや》む「まちづくり理想都《リゾート》」への目標の実現に向かって、積極一貫に邁進し続けたいのです。死ぬまでにやり遂げたいことは、まだまだたくさんあり、それは始まったばかりなのです。

当然ですが、空海ゆかりの千光寺のヘッポコ和尚（管長）として、空海の教えを若い人たちに伝える活動にも力を注いでまいります。生涯、二刀流を続けていくという思いは、ますます募っています。

中村天風先生は、満州で捕らえられ銃殺刑に処される寸前に、狙撃手に「私の心臓を狙いなさい。私はこんなところで死なない。鉄砲玉は私には当たらない」と告げたといいます。また、若い頃に結核を患い、医師から宣告された余命を二度も超克したという逸話も有名です。

その際、天風先生はこう語ったといいます。

「私は、死なない」

私・玄津もまた、あと29年全部やり遂げるまでは「死なない」という強い信念があります。共通する信念の源泉は、私が「大日力」と呼ぶ宇宙からのエネルギーと、それを受け取るオーラパワーに裏打ちされたものです。

天風哲学では、宇宙の根源的なエネルギーが、人間の生命力と密接に繋がっていると考えられています。そして、そのエネルギーを受け取るのが「大日力」のオーラパワーなのです。心と体を統一することで、このパワーを最大限に引き出すことができます。

私は、どんな困難な境遇であっても、強い信念と積極的な行動、そして「大日力」とオーラパワーというエネルギーによって、自身の生命力を高めてきました。その信念こそが、天風先生の身体統一法の実践にほかならないのです。

西郷隆盛は「地位も名誉も金も命もいらない、というヤツほど始末に困るのはいない」と言った。日本でいちばん始末に困るのが私なのかもしれません。

一見矛盾しているように聞こえますが、人間の真の強さは、外的な要素に執着するのではなく、内なる「力」と信念に基づいて生きることなのです。左記は、中村天風先生の言葉です。

私心なく、人のために。
強い信念で恐れない行動こそ、真の成功を招く。

成功とは物質的な豊かさだけを指すのではありません。真の成功とは、自身の能力を存分に発揮し、社会に貢献することです。私は、「まちづくり事業」に自身のすべてを賭け、そこで暮らす人々の幸せを願い、積極一貫に行動してきました。周りの人々の幸せを願う心と、困難を乗り越える勇気を持つことで、真の成功を手にすることができるのです。成功の鍵は、こうした「利他の精神」と「強い信念」です。僧侶という立場であっても、まったく同じことがいえます。

そして現在、私は成功へ向かう途中に位置していると考えております。

成功の喜びも、失敗の苦しみも表裏一体であり、どちらも人生において重要な意味を持っています。すべてが人生の糧となり、今の底抜けに明るく元気な私を形づくっているからです。

だからこそ、人生は一回限り「やりたいことは全部やる！」

挑戦することを諦めず、何事も積極一貫に、前を向いて歩いていきましょう。そうすれば、幸せを感じる「心」を得ることができ、より良い人生を送ることができるのです。

２０２４年（令和６年）８月20日　大安吉日

空海ゆかりの千光寺

管長　上野　玄津

No.1

著者が26歳で1988年（昭和63年）～**1995年（平成7年）1月17日の「阪神・淡路大震災」までにオープンした●外食店舗一覧●**

No	店舗名			業態名	出店年月日	坪数	席数	目標年商	地区	備考
1	はんぶんこお好み焼	**焼っ八　吹田**	江坂店	お好み焼	S63.6.1	20	48	3600万	大阪府吹田市	2F
2	はんぶんこ炉端割烹	**呑八**	江坂店	居酒屋	S63.6.1	20	62	4800万	大阪府吹田市	2F
3	レストランバー	**HALF&HALF 吹田**	江坂店	洋食レストラン	H1.2.27	40	53	7000万	大阪府吹田市	1F
4	活魚・すしばー	**にぶんのいち 吹田**	江坂本店 1F	和食レストラン	H1.8.26	57	68	12000万	大阪府吹田市	1F
5	めんばーずらうんじ	**にぶんのいち 吹田**	江坂店 2F	ラウンジ	H1.8.26	12	18	6000万	大阪府吹田市	2F
6	からおけすてーじ	**はーふ＆はーふ 吹田**	江坂店 3F	ショーレストラン	H1.8.27	31	35	6000万	大阪府吹田市	3F
7	ビリヤードカフェバー	**HALF&HALF**	東豊中店 2F	遊戯場	H1.12.26	40	27	3600万	大阪府豊中市	2F
8	レストランバー	**HALF&HALF**	東豊中店 1F	レストランバー	H1.12.26	40	60	4800万	大阪府豊中市	1F
9	ハンバーグレストラン	**アンフィニ 神戸**	須磨店	ファミリーレストラン	H2.3.15	78	110	18000万	兵庫県神戸市	2F
10	ハンバーグレストラン	**アンフィニ 和歌山**	紀三井寺店	ファミリーレストラン	H2.3.15	180	250	36000万	和歌山県紀三井寺	1F
11	ハンバーグレストラン	**アンフィニ 東急　吹田**	江坂本店	ファミリーレストラン	H2.12.8	130	134	36000万	大阪府吹田市	B1F
12	ショーステージ	**ニューハーフクイーン**	大阪本店	ショーレストラン	H3.2.14	31	45	24000万	大阪府吹田市	3F 7業態変更
13	お好み焼き・炉端焼	**はんぶんこ 吹田**	江坂本店	和食レストラン	H3.2.16	40	76	18000万	大阪府吹田市	1,2合体OPEN
14	ハンバーグレストラン	**アンフィニ 新大阪**	西中島店	ファミリーレストラン	H3.3.25	18	34	9800万	大阪府大阪市	1F
15	毛皮＆宝石ブティック	**HALF&HALF**	東豊中店 2F	宝石貴金属服飾雑貨販売	H3.4.20	40	20	20000万	大阪府豊中市	7業態変更
16	フランス懐石料理	**シャンブル・ドゥ・ヴーェル**	東豊中店 1F	洋食レストラン	H3.4.20	40	42	10000万	大阪府豊中市	8業態変更
17	ギフト＆アパレル	**HALF&HALF**	新大阪店	カタログショッピング	H3.5.11	63	26	24000万	大阪府大阪市	1F本社ビル
18	ダンスホールバー	**ワールドセゾン**	沖縄店	ダンスホールレストラン	H3.8.15	100	100	12000万	沖縄県沖縄市	3F
19	カラオケレストランバー	**ワールドセゾン**	沖縄店	カラオケBOX&居酒屋	H3.8.15	128	130	12000万	沖縄県沖縄市	2F
20	ハンバーグレストラン	**アンフィニ 新大阪**	宮原店	ファミリーレストラン	H3.9.21	25	38	7200万	大阪府大阪市	1F
21	ハンバーグレストラン	**アンフィニ 吹田**	さんくす店	ファミリーレストラン	H3.11.1	28	40	7200万	大阪府吹田市	3F
22	ビアレストラン	**タバージュ 新大阪**	本店	レストランバー	H3.12.1	98	100	12000万	大阪府大阪市	52業態変更
23	ハンバーグレストラン	**アンフィニ 伊丹**	171店	ファミリーレストラン	H4.1.16	115	134	24000万	兵庫県伊丹市	40リニューアル

No.2

著者が26歳で1988年(昭和63年)〜**1995年(平成7年)1月17日の「阪神・淡路大震災」までにオープンした●外食店舗一覧●**

No	店	舗名		業態名	出店年月日	坪数	席数	目標年商	地区	備考
24	ハンバーグレストラン	**アンフィニ 名古屋**	南店	ファミリーレストラン	H4.1.27	39	49	8400万	愛知県名古屋市	1F&2F
25	ハンバーグレストラン	**アンフィニ 名古屋**	中川店	ファミリーレストラン	H4.1.28	38	66	9600万	愛知県名古屋市	1F
26	ラウンジ	**フローレス**	新大阪店	ラウンジ	H4.2.6	12	28	6000万	大阪府大阪市	1F 42に移転
27	ハンバーグレストラン	**アンフィニ 南大阪**	狭山店	ファミリーレストラン	H4.3.28	40	50	9600万	大阪府大阪狭山市	1F
28	お食事処	**播龍セゾン 兵庫**	本館	和食レストラン	H4.4.1	115	154	30000万	兵庫県神崎郡	1F
29	日本料理	**播龍セゾン 兵庫**	別館	宴会場&特別室(6室)	H4.4.1	100	200	14000万	兵庫県神崎郡	2F
30	懐石料理	**沙羅セゾン 兵庫**	福崎店	和食レストラン	H4.4.1	43	42	6000万	兵庫県神崎郡	48業態変更
31	ハンバーグレストラン	**アンフィニ 兵庫**	福崎店	ファミリーレストラン	H4.4.1	41	69	9600万	兵庫県神崎郡	1F
32	お好み焼き・鉄板焼	**十一館セゾン 兵庫**	福崎店	和食レストラン	H4.4.1	101	95	8400万	兵庫県神崎郡	49業態変更
33	うどん・すしばー	**にぶんのいち 大阪**	南店	和食レストラン	H4.4.3	12	18	6000万	大阪府大阪市	1F
34	焼肉レストラン	**味々 琵琶湖**	長浜店	和食レストラン	H4.4.9	20	36	7200万	滋賀県長浜市	1F
35	クラブ	**モナリザ 鹿児島**	天文館店	クラブ	H4.4.16	26	50	12000万	鹿児島県鹿児島市	2F
36	リゾートシティホテル	**セントイン 鹿児島セゾン**	本店	ビジネスホテル	H4.4.16	317		12000万	鹿児島県鹿児島市	43室
37	レストランバー	**セゾン 鹿児島**	天文館店	レストランバー	H4.4.16	27	40	6000万	鹿児島県鹿児島市	1F
38	ハンバーグレストラン	**アンフィニ 南海・堺**	新金岡店	ファミリーレストラン	H4.7.31	93	140	24000万	大阪府堺市	3F
39	ハンバーグレストラン	**アンフィニ 北大阪**	茨木店	ファミリーレストラン	H4.9.21	58	80	12000万	大阪府茨木市	1F
40	ハンバーグレストラン	**アンフィニ 伊丹**	171店	ファミリーレストラン	H4.12.18	115	134	36000万	兵庫県伊丹市	23リニューアル
41	ハンバーグレストラン	**アンフィニ JRギャレ**	住道店	ファミリーレストラン	H4.12.29	62	78	12000万	大阪府大東市	2F
42	メンバーズラウンジ	**セゾン 新大阪**	西中島店	ラウンジ	H5.3.1	24	37	9600万	大阪府大阪市	3F 26移転
43	ハンバーグレストラン	**アンフィニ かごしま**	荒田店	ファミリーレストラン	H5.3.3	42	68	12000万	鹿児島県鹿児島市	1F
44	会席かに料理	**花咲 鹿児島**	ホテル別館	和食レストラン	H5.3.3	49	80	12000万	鹿児島県鹿児島市	1F
45	披露宴各種パーティー	**セントインホール**		宴会場	H5.3.3	84	80	12000万	鹿児島県鹿児島市	1F
46	北海道特産物店	**北海急行 鹿児島**	ザビエル店	食品販売	H5.3.3	21		6000万	鹿児島県鹿児島市	1F

No.3

著者が26歳で1988年（昭和63年）～**1995年（平成7年）1月17日の「阪神・淡路大震災」までにオープンした●外食店舗一覧●**

No	店舗名			業態名	出店年月日	坪数	席数	目標年商	地区	備考
47	居酒屋	**たんぽぽ 鹿児島**	ザビエル店	居酒屋	H5.3.3	7	16	6000万	鹿児島県鹿児島市	1F
48	しゃぶしゃぶばー	**にぶんのいち 兵庫**	福崎店	和食レストラン	H5.5.1	43	42	9600万	兵庫県神崎郡	30業態変更
49	ハイテク　セガランド	**ドラゴンバーン　兵庫**	福崎店	遊戯場（ゲームセンター）	H5.5.1	101		15000万	兵庫県神崎郡	32業態変更
50	パブラウンジ	**ルナロッサ 鹿児島**	天文館店	ラウンジ	H5.6.1	21	35	12000万	鹿児島県鹿児島市	2F
51	メンバーズ倶楽部	**花紋　鹿児島**	天文館店	クラブ	H5.7.1	22	35	12000万	鹿児島県鹿児島市	B1F
52	洋風居酒屋	**タバージュ 新大阪**	本店	洋風居酒屋	H5.7.1	98	100	18000万	大阪府大阪市	22業態変更
53	お好み焼き・炉端焼	**はんぶんこ 南大阪**	堺浜寺店	和食レストラン	H5.7.7	120	180	36000万	大阪府堺市	1F&2F
54	ショーステージ	**ニューハーフクイーンII**	鹿児島店	ショーレストラン	H5.7.16	35	40	18000万	鹿児島県鹿児島市	B1F
55	ハンバーグレストラン	**アンフィニ・ドゥ・ヴーェル**	東豊中店	ファミリーレストラン	H5.9.13	40	42	12000万	大阪府豊中市	9.17業態変更
56	お好み焼き・炉端焼	**はんぶんこ 南大阪**	岸和田店	和食レストラン	H5.11.1	100	142	24000万	大阪府岸和田市	1F
57	0気楽市場	**ジャスコ・フォーラス　兵庫**	明石店	洋風居酒屋	H5.12.1	200	250	36000万	兵庫県明石市	7F
58	ショーステージ	**ニューハーフクイーンIII**	鹿児島店	ショーレストラン	H5.12.13	40	78	24000万	鹿児島県鹿児島市	51,54合体
59	ハンバーグレストラン	**アンフィニ 北大阪**	茨木東店	ファミリーレストラン	H5.12.16	30	60	10000万	大阪府茨木市	1F
60	焼肉レストラン	**ドラゴン 大阪**	桜川店	和食レストラン	H5.12.21	40	75	9600万	大阪府大阪市	1F&2F
61	お好み焼き・炉端焼	**はんぶんこ 南大阪**	和泉豊中店	和食レストラン	H6.1.28	100	142	24000万	大阪府和泉市	1F
62	0気楽市場	**にぶんのいち**	新大阪店	洋風居酒屋	H6.3.3	150	250	6000万	大阪府大阪市	1F&2F
63	ハンバーグレストラン	**アンフィニ 兵庫・社**	闘龍灘店	ファミリーレストラン	H6.6.1	60	85	12000万	兵庫県加東郡	2F
64	健康ランド	**アウローラ 兵庫・社**	闘龍灘店	浴場遊戯場	H6.10.1	700	820	12000万	兵庫県加東郡	2F~5F
65	北海道料理	**花咲 兵庫・社**	闘龍灘店	宴会場	H6.10.1	100	180	14000万	兵庫県加東郡	6F
66	活魚・すしばー	**にぶんのいち 兵庫・社**	闘龍灘店	和食レストラン	H6.10.1	50	62	9600万	兵庫県加東郡	1F
67	焼肉レストラン	**ドラゴン 兵庫・社**	闘龍灘店	和食レストラン	H6.10.1	40	60	12000万	兵庫県加東郡	1F

注）上記の「外食店舗一覧」は、1993年12月20日刊『ボクはやんちゃな成り上がり」IV』の巻末を転載しておりますので、あしからずご了承ください。

平成出版 について

本書を発行した平成出版は、基本的な出版ポリシーとして、自分の主張を知ってもらいたい人々、世の中の新しい動きに注目する人々、起業家や新ジャンルに挑戦する経営者、専門家、クリエイターの皆さまの味方でありたいと願っています。

代表・須田早は、あらゆる出版に関する職務（編集、営業、広告、総務、財務、印刷管理、経営、ライター、フリー編集者、カメラマン、プロデューサーなど）を経験してきました。そして、従来の出版の殻を打ち破ることが、未来の日本の繁栄につながると信じています。

志のある人を、広く世の中に知らしめるように、商業出版として新しい出版方式を実践しつつ「読者が求める本」を提供していきます。出版について、知りたいことやわからないことがありましたら、お気軽にメールをお寄せください。


book@syuppan.jp 平成出版 編集部一同

ISBN978-4-908127-18-2 C0034

人生一回限りだからやりたいことは全部やる！

積極一貫の摂理

令和６年（2024）９月 １日 第１刷発行

著　者　**上野　玄津**（うえの・げんしん）

発行人　須 田 早

発　行　**平成出版** 株式会社

〒104-0061 東京都中央区銀座７丁目13番５号
ＮＲＥＧ銀座ビル１階
赤坂オフィス／東京都港区赤坂４丁目
TEL 03-3408-8300　FAX 03-4363-8647
平成出版ホームページ https://syuppan.jp
メール : book@syuppan.jp

編集協力／安田京祐、大井恵次
写真提供／ Getty Images
Print ／ FOku